# 津田梅子

## 科学への道、大学の夢

古川安［著］
FURUKAWA Yasu

東京大学出版会

Umeko Tsuda

The Road to Science and Dream of Founding a University

Yasu FURUKAWA

University of Tokyo Press, 2022
ISBN978-4-13-023078-0

# 目次

第四章　英学塾の裏側で……101



第五章　塾から大学へ……125

# プロローグ

津田梅子先生が我が国英語教育界の耆宿《きしゅく》であられたのは、世間周知の事であるが、先生が生物学者であつた事は知る人は少ないと思ふ。

——中西文子「津田梅子先生のこと」一九二九年

その桜の木の下で、わたしは花の精ともいうべき老女に会った。（中略）その人はどうやら、塾の昔の卒業生らしく、母校を何かの用で訪ねたらしかった。（中略）新入生のわたしの姿に目をとめて、問わず語りに話し始めた。「あなた、津田先生って、カエルの卵の研究をしていらしたのよ。アメリカの大学で」。わたしは津田梅子についてそんな話を聞いたことがなかったので、きょとんとした。

——大庭みな子『津田梅子』一九九〇年

今から三〇年前の一九九二（平成四）年のことである。その年の秋から一年間、私は日本の大学からサバティカル休暇をもらい、科学史研究のためにアメリカ東部の古都フィラデルフィアにあるペンシルヴェニア大学に通うことになった。不動産屋の紹介で郊外の小さな町ブリンマー（Bryn Mawr. 現地での発音は「ブリンモア」に近いが、本書では日本での慣行に倣って「ブリンマー」と表記する）に古びたアパートを見つけて住んだ。こうして、ブリンマーの小さな駅から近郊電車（メイン・ライン）に二〇分ほど乗って、フィラデルフィア市内の大学まで通う生活が始まった。名門女子大学として知られるブリンマー大学はアパートのすぐ近くにあった。鬱蒼と茂る樹木の間に白い石造りの重厚な建物が点在し、リスやウサギが戯れる美しいキャンパスは、大都会の喧噪から隔絶された別天地のように見えた。週末はキャンパスを散策するのが日課になった。

そんな生活をしているうち、百年前、この大学で津田梅子が学んでいたことを知った。大学図書館の古文書室を訪れてみると、津田梅子のファイルがあり成績表や手紙がきちんと保管されていた。そして、梅子がここであの動物学者トマス・モーガンに学んだことを知り、私の科学史的な関心が急速に芽生えた。日本に戻ってからも津田梅子に関する資料や情報を少しずつ集めていった。こうして、このテーマは本来、化学史を専門とする私の愉しいサイドワークになった。

津田梅子といえば、日本における女子英語教育の先駆者として広く知られている。梅子は幼くして最初の日本人女子留学生としてアメリカに渡り一一年間をそこで過ごした。帰国後、華族女学校の英語教師を務めていた時に、ブリンマー大学に二度目の留学をしたのであった。その後、女子英学塾（津田塾大学の前身）を創立し、塾長として女性のための英語教育に献身した。こうした女子英語教育のヒロインとしての津田梅子の生涯については、これまでノンフィクションから小説、児童文学に至るまで、さまざまな形で書かれてきた。しかし、梅子と自然科学の関係についてはあまり語られていないし、一般にもよく知られていない。

津田梅子については豊富な研究の蓄積がある。本格的な伝記書だけでも七冊が出版されている。[1] 近年では、梅子を取り巻く人々に焦点を当てた著作や、女性史・社会史の観点から論じた研究書も現れている。[2] 梅子が再留学時に生物学を学んだことは、こうした先行文献にも部分的もしくは断片的に言及されている。しかし、この問題を単独に取りあげ、科学史や「科学とジェンダー」の視点から論じた研究はほとんどなかった。[3]

ブリンマー大学との出会いを機に始めた資料調査と考察の結果をまとめて、私は二〇一〇年に『科学史研究』（日本科学史学会誌）に「津田梅子と生物学――科学史とジェンダーの視点から」と題する論文を発表した。[4] 梅子はブリンマー大学で自然科学を学び生物学を専攻した。大学からこの分野での能力を高く評価され、研究者としての将来を嘱望された。しかし帰国後は科学研究者としてのアイデンティティを捨て、余生を日本女性のための英語教育と学校運営に捧げた。史実の掘り起こしとともに、そこから生まれるさまざまな疑問に私なりに解答を試みたのがこの論文であった。これを機に、津田塾大学をはじめいくつかの場で講演する機会を与えて頂いた。とはいえ、注目して頂いたのは内輪の関係者や研究者に限られていた。そこでさらに多くの人々に読んで頂くため、その後の研究で得た知見を加えて読みやすい形に書き改めたのが本書である。

津田梅子の手紙や私文書などは幸い多数保存されている。津田塾大学からは『津田梅子文書』と *The Attic Letters* の二冊の貴重な史料集が出版されている。[5] 前者は梅子が書いたもの（大部分は英文）や談話、関連文書からなる。後者は一九八四（昭和五九）年、津田塾大学本館の屋根裏部屋

(Attic)の古トランクから発見された、梅子がアメリカでの育ての母に宛てた数百通の手書きの書簡(英文)を活字に起こしたものである。津田塾大学の津田梅子資料室は、このほかにも未刊行の手稿や学内文書などを多数所蔵している。また上述のようにブリンマー大学のアーカイヴにも梅子の文書が保管されている。ほかにもさまざまな文書館に関連資料が散在している。

本書は、既存文献を再吟味しながら、可能な限りこうした一次史料にもとづいて、筆者なりの科学史の視点からこれまでの伝記とは異なる津田梅子像を描出することを試みる。梅子と科学の関わりを当時の日米の科学・教育・社会の文脈から分析し、その意味を考察することを狙いとする。梅子の生き方を分析するためには、科学史とともにジェンダーの視点を踏まえることも重要である。本書では「ジェンダー」という言葉を、生物学的性差(セックス)に対して、社会的・文化的につくられた性差という意味で使用するが、最近のジェンダー研究におけるジェンダー理論を適用することはとくに意図しない。主として科学教育・研究に関わるジェンダー的問題を剔出して歴史的に考察する。

本書の構成は以下の通りである。第一章では、梅子に影響を与えた父・仙と農学との関わり、少女時代の梅子の最初のアメリカ留学、帰国から再留学を志すまでをたどる。第二章では、ブリンマー大学の教育理念と特徴、アメリカ生物学の勃興を背景としたブリンマーにおける生物学教育、梅子の受けた教育の実態を分析する。明治期に華族女学校の女性英語教師がアメリカでなぜ自然科学、とくに生物学を専攻したかが明らかにされる。第三章では、生物学者への道の第一歩を踏み出した梅子の研究、帰国を前にしての梅子の葛藤、帰国後の梅子の生物学への執着と決別を論ずる。帰国後なぜ科学者への道を歩まなかったのか、あるいは歩めなかったのか、そもそも梅子の人生にとって科学とは何であったのか、を考察する。第四章では、女子高等教育不要論の中で創設・発展した女子英学塾の教育現場に眼を転じ、梅子の教育と学生たちの反応、人間関係と別れ、梅子の死までを描く。第五章では、梅子の後継者である星野あいのキャリアに焦点を当て、梅子の遺産は津田塾でどのように受け継がれ、科学の高等教育が実現されたかを時代状況の中から探る。エピローグでは、日本における女性科学者の歴史における梅子の位置を検討し、本書の論点を再確認する。

この小論を通して、津田梅子という一女性教育者の歩んだ道とその時代にしばし思いを馳せ、そこから何らかのメッセージを汲み取って頂くことができれば幸いである。

凡例

（1）梅子の戸籍名は「むめ」であったが、華族女学校時代は「梅子」と表記していた。再留学時は"Ume Tsuda"と表記している。戸籍上「梅子」に改名したのは一九〇二（明治三五）年一一月のことであるが、本稿では、便宜上すべて「梅子」と表記する。

（2）引用文、文献題名、人名、地名、校名などの旧漢字は、読みやすさを考えて新漢字に替えてある。

## プロローグ　注

（1）吉川利一『津田梅子』（婦女新聞社、一九三〇）、吉川利一『津田梅子伝』（前掲書の増訂版）（津田塾同窓会、一九五六）、吉川利一『津田梅子』（一九三〇年版の文庫版）（中公文庫、一九九〇）、山崎孝子『津田梅子』（人物叢書九一）（吉川弘文館、一九六二）、大庭みな子『津田梅子』（朝日新聞社、一九九〇）、Yoshiko Furuki, *The White Plum: A Biography of Ume Tsuda* (New York and Tokyo: Weatherhill, 1991), 古木宜志子『津田梅子』（人と思想一一六）（清水書院、一九九二）、Barbara Rose, *Tsuda Umeko and Women's Education in Japan* (New Haven: Yale University Press, 1992), 亀田帛子『津田梅子――ひとりの名教師の軌跡』（双文社出版、二〇〇五）。著者はいずれも津田塾大学の関係者（卒業生・教職員）である。このうち、吉川（元塾幹事）の伝記は、著者が「原稿の大半は津田先生の生前、先生にお目にかけて、校閲を経た」（『津田梅子伝』自序）と述べているように、自伝に近い伝記といってよい。津田塾の年史類にも梅子の評伝が少なからず含まれている。吉川と山崎の伝記は、それぞれ次の年史に部分的に取り込まれている。津田英学塾（編）『津田英学塾四十年史』（津田英学塾、一九四一）、津田塾大学（編）『津田塾六十年史』（津田塾大学、一九六〇）。他の年史は、津田塾大学九〇周年事業出版委員会（編）『津田塾大学――津田梅子と塾の九〇年』（津田塾大学、一九九〇）、津田塾大学一〇〇年史編纂委員会（編）『津田塾大学一〇〇年史』（本編・資料編）（津田塾大学、二〇〇三）。

（2）飯野正子・亀田帛子・高橋裕子（編）『津田梅子を支えた人びと』（有斐閣、二〇〇〇）、川本静子・亀田帛子・高桑美子『津田梅子の娘たち――ひと粒の種子から』（ドメス出版、二〇〇一）、亀田帛子『津田梅子とアナ・C・ハーツホン――二組の父娘の物語』（双文社出版、二〇〇六）、Janice P. Nimura, *Daughters of the Samurai: A Journey from East to West and Back* (New York and London: W. W. Norton, 2015)［ジャニス・P・ニムラ（志村昌子・藪本多恵子訳）『少女たちの明治維新――ふたつの文化を生きた三〇年』（原書房、二〇一六）］、白井堯子『明治期女子高等教育における日英の交流――津田梅子・成瀬仁蔵・ヒューズ・フィリップスをめぐって』（ドメス出版、二〇一八）。高橋裕子『津田梅子の社会史』（玉川大学出版部、二〇〇二）は梅子を女性史・社会史の視座から分析した優れた研究書である。ちなみに、小説では植松三十里『梅と水仙』（PHP研究所、二〇二〇）、こだまひろこ『小説 津田梅子 ハドソン河の約束――米国女子留学生による近代女子教育への挑戦』

（新潮社図書編集室、二〇二二）などがある。

（3）例外として、津田塾理科の歴史を記録する会（編）『女性の自立と科学教育——津田塾理科の歴史』（ドメス出版、一九八七）があり、津田梅子と生物学の関わりについてある程度の頁（一二八—一四六頁）を割いてきちんと記述されている。生物学者の中沢信午は次の小論を書いている。「動物学者　津田梅子」『遺伝』四二巻・八号（一九八八）四六—四九頁。

（4）古川安「津田梅子と生物学——科学史とジェンダーの視点から」『科学史研究』四九巻（二〇一〇）一一—二一頁。

（5）津田塾大学（編）『津田梅子文書』（津田塾大学、初版一九八〇、改訂版一九八四）。本書では改訂版を使用。Ume Tsuda, *The Attic Letters: Ume Tsuda's Correspondence to Her American Mother*, ed. by Yoshiko Furuki *et al.* (New York and Tokyo: Weatherhill, 1991).

# 第一章　アメリカに渡った少女

不思議な運命で私は幼い頃米国へ参りまして、米国の教育を受けました。帰朝したらば――之といふ才能もありませんが――日本の女子教育に尽くしたい、自分の学んだものを、日本の婦人にも頒ちたいと、かういふ考へで帰りました。けれども私が帰りましたその頃の日本は、今日とは大分様子も違つてゐて、第一働く学校もなく、今まで学んだ知識を実際に応用する機会もありませんでした。

――津田梅子、女子英学塾開校式式辞、一九〇〇年

津田梅子（一八六四―一九二九）は津田仙（一八三七―一九〇八）と初子（一八四三―一九〇九）の次女として一八六四（元治元）年新暦一二月三一日に江戸に生まれた。男児の誕生を渇望していたため落胆した仙は、お七夜が過ぎても名前をつけようとしなかった。そこで、母の初子が枕元にあった盆栽の梅にちなんで、むめと名づけた。梅子は後の改名である。一二人の子供（七人姉妹・五人兄弟）の上から二番目であった(1)。

本章では、梅子の人生にいろいろな意味で大きな影響を与えた父・仙の話から始め、幼い梅子がアメリカに渡った経緯とアメリカでの人間形成、帰国後、英語教師として自立する梅子、そして再留学

の夢の始まりとその実現にいたる過程をたどる。

## 津田仙と農学

梅子の父、津田仙は欧米の学術・精神を積極的に取り込み、かつ在野精神に富んだ農学者・教育者であった。[2] 下総国《しもうさのくに》佐倉藩（現、千葉県）の武士の子に生まれた仙（旧姓小島）は、若くして蘭医やイギリス人医師から積極的に英語を学んだ。一八六二（文久二）年に幕臣の下級武士の娘・津田初子の婿養子となった。一八六七（慶応三）年、満二九歳の時、アメリカからの軍艦購入に関わる交渉のため、幕府の通弁（通訳）として小野友五郎《ともごろう》（一八一七―九八）、福沢諭吉（一八三五―一九〇一）らとともに訪米した。半年ほどの滞在で人生観が変わるほどアメリカの人間や文化から影響を受けた。とりわけ、豊かな農業や四民平等の精神に感銘した。断髪令（散髪脱刀令、一八七一年）が出る少し前のこの時期に、彼はサンフランシスコでまげを切り落とした。梅子が満二歳の時であった。

幕府が崩壊すると官職を退き、築地の外国人居留地にできた外国人用のホテルに就職した。そこで客の嗜好に応えるべく、西洋野菜の栽培を試みた。以後、麻布の自宅に農園を作り、そこでアスパラガス、リンゴ、イチゴなどの栽培を本格的に行った。イチゴの熟する頃になると、梅子も毎日農園に出かけたという。[3]

梅子が女子留学生として渡米して二年後の一八七三（明治六）年、仙はウィーン万国博覧会に随行し、技術伝習生として西洋の農業技術を学んだ（図1・1）。帰国後、オーストリアで受けたダニエ

図1・1　1873（明治6）年のウィーン万国博覧会に参加した際の津田仙．津田塾大学津田梅子資料室所蔵．

ル・ホーイブレンク（Daniel Hooibrenk）の園芸学の講義をもとに『農業三事』（一八七四年）を著した。ホーイブレンクはフィリップ・フランツ・フォン・シーボルト（Philipp Franz B. von Siebold, 一七九六―一八六六）の友人で、ウィーン在住のオランダ人農学者であった。同書は単なる講義の翻訳ではなく、そこに紹介する洋式農法が、在来農法とどう結びつくかについて、仙自身の合理的な説明が付されている。また、農学における「実験」や「実証」の重要性を説いている。総じて同書から、学理と経験を使って在来農業の改良をめざす姿勢をうかがい知るこ

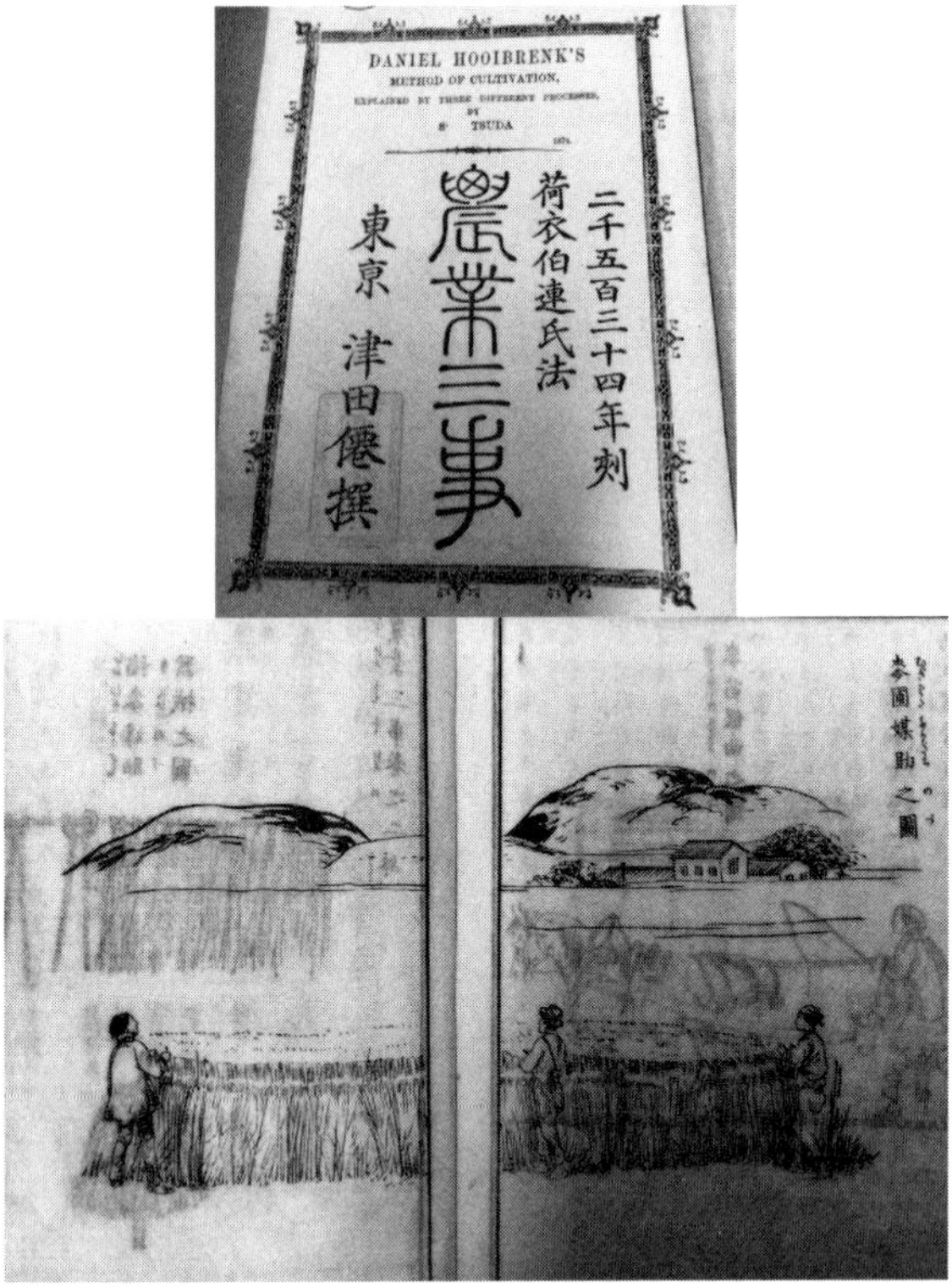


図1・2 『農業三事』の扉．下図は「津田縄」による授粉の様子（下巻）．著者撮影．

とができる。

日本近代史研究者のテッサ・モリス＝スズキ（Tessa Morris-Suzuki）は、在来の産業技術を西欧近代科学に基づいた技術に作り直す過程を「技術翻訳」（technology translation）と呼んでいる[4]。江戸期からあった技術知は、明治期に西欧技術に互換できる形に読み替えられた。経験から構築された伝統的諸技術は近代科学のパラダイムで再解釈され、改良が行われた。日本の在来農法を西洋の学理で改良するという仙の運動も、この「技術翻訳」の流れの一つと位置づけることができる。

仙が『農業三事』で解説する「三事農法」とは、(一) 気筒(パイプ)を地中に埋めて空気の地中への環流を人工的に促す(暗渠通気)、(二) 樹枝を曲げて樹液の流動をよくする、(三) 草木の開花時期に人工的に受粉を助ける(媒助)ことで、農作物の収穫を促進するという方法である。(三) を実用化したものがいわゆる「津田縄」で、縄の端に羊毛糸の房を付け、それに蜜を塗って米や麦の花粉を付着させ、確実に授粉させるというものであった[5](図1・2)。

『農業三事』は数万部売れ、津田縄も好評を博し、工場で一時は女工二百人ほどが一日数千本生産したという[6]。ところが、やがてその農法をめぐり、お雇い外国人ゴットフリード・ワグネル(Gottfried Wagener, 一八三一—九二)や日本の農学者たちから批判が起こった。いわゆる「媒助法論争」である。一八七六(明治九)年、仙は農業の近代化のための人材を育成する機関として学農社農学校を創設し、『農業雑誌』を発刊して、それから自説の擁護と普及に努めた。また、森有礼(一八四七—八九)や福沢諭吉らの啓蒙学術団体・明六社にも加わり、そこでも媒助法に関する演説を行い、その講演録を機関誌『明六雑誌』に掲載した[7]。

仙は例えば、次のようにチャールズ・ダーウィン(Charles Robert Darwin, 一八〇九—八二)の書を援用し、媒助をその学理的例証として論じている。

禾花［稲の花］媒助法ハ一時殆ンド全国ニ及ボサントシタルモ学術ニ不経験ナル俗吏ノ為ニ之ガ

進歩ヲ妨ゲラレ洽《あまね》ク行ハルヽニ至ラザリシハ最モ遺憾ナリトス　然リト雖モ世界ニ有名ナルチヤレース、ダーウ井ン氏ノ如キ「農業三事」ノ発行ニ後ルヽ数年「エッフエクト、オブ、フェルテルゼーション」即チ植物媒助法ノ効験ト云フ頗ル細密ナル表ヲ示セル著述アリ　媒助法ヲ施シタル穀菜ヲ種トシテ数代ヲ重ヌルトキハ其穀菜ヲシテ益々善良ナラシムコトヲ証セリ　故ニ予ハ確信ス媒助法ハ早晩必ズ学術ノ進歩ト共ニ善ク行ハルヽノ日アルベシト(8)。

ダーウィンの『種の起源』の初版が出版されたのは一八五九年だが、ここで言及しているダーウィンの書は一八七六年刊行の『植物の他家受精と自家受精の効果』である。この中でダーウィンは植物の膨大な交配実験の結果から自家受精より他家受精が有利な個体を生むことを論じた(9)。植物進化に関わるダーウィンの議論は仙のいう媒助法（津田縄を使った授粉による増産）とは必ずしも同じではないので、論理の飛躍があるのは否めない。それでもダーウィンの最新の研究成果を彼なりにフォローしていたことは確認できる(10)。

内務省の勧業寮は津田の上申により媒助法の試験に乗り出したが、結果的には津田縄の効果を認めず、一八七九（明治一二）年に試験の終了を通達した。こうして津田縄の使用はすたれていくが、この論争を機に津田仙と学農社農学校の名は広く人々に知られるようになったとともに、科学的な農業改良への関心が巷間で高まったといわれる(11)（図1・3）。

以後、津田はキリスト教に基づく自由主義思想をもとに、反官僚主義的・反権力的な農政批判を彼

図1・3　学農社農学校の津田仙（前列右から3人目）．1875（明治8）年9月に麻布に開校された同校の講義は主として英語で行われ，農学と農業技術が教えられた．1884（明治17）年12月に財政難のために閉鎖された．津田家コレクション所蔵．

の発行した『農業雑誌』で展開するようになる。[12] キリスト教には早くから深い関心を抱いていたが、一八七五（明治八）年にメソジスト派のアメリカ人牧師から夫婦で受洗しキリスト教徒となった。[13] 農学史研究者の並松信久によれば、仙の農業改良における啓蒙活動は「官」に対抗するための「民」の運動であり、それを支える精神がプロテスタンティズムであると考えていたという。[14] 仙にとってキリスト教と農業改良運動は不可分であったといえる。

仙は自らピューリタン的謹厳な生活を堅持した。本来酒豪であった彼はキリスト教に入信してから酒を絶ち、さらに禁酒雑誌『日の丸』を発行して禁酒運動を行った。[15] 晩年は足尾銅山の鉱毒反対運動に加わり、神田基督教青年会で演説会を主催して世論を喚起し、被害地の農民救援運動に奔走した[16]。

仙は教育事業にも力を注ぎ、前述の学農社農学校のほか、女子小学校（一八七四年創立、一八七八年に海岸女学校に改称）、特殊学校（一八七五年創立）、耕教学舎（一八七八年創立、一八八一年に東京英学校と改称、さらに美会神学校と合併し一八八三年に東京英和学校）などのキリスト教精神に基づく私立学校の創設や運営に関わった。このうち女子小学校と東京英和学校、特殊学校は、それぞれ現在の青山学院、筑波大学付属盲学校の前身である[17]。梅子の生き方や考え方は、キリスト者的啓蒙主義者としての父のそれと強く重なるところがある。また、仙が築いた国内外の人的ネットワークも梅子のその後の人生に深く関わることになる。

## 少女たちのアメリカ

幼い梅子の留学を決定したのも仙であった。女子を官費留学生としてアメリカに派遣することを建議したのは、北海道開拓使次官の黒田清隆（一八四〇—一九〇〇、後の第二代内閣総理大臣）である[18]。黒田は先にアメリカを視察した時、アメリカ女性は教養があり、社会的地位が高いことに驚き、それが教育によるものだと考えた。黒田はとくに就学前児童にとっての母親の家庭における影響を重視し、賢母養成のための女子教育・家庭教育の必要性を訴えた。黒田の考えは、ヴィクトリア時代のアメリカの家庭観を反映していた。ジェンダー史研究者の高橋裕子は黒田のジェンダー観を分析して、「開拓事業、あるいは近代国家を建設するための男子を家庭で育成する母としての役割を欧米の賢母像に収斂し日本女性に期待」し、女性の役割が国家や政治に組み込まれることを意図するものであったとしている。[19] こうした賢母観は、黒田の友人でアメリカ駐在少弁務使であった森有礼（後の文部大臣）を初め、明治の啓蒙家の多くが共有していたものと見られる。[20]

一八七一（明治四）年秋、黒田の建議は政府に承認され、女子留学生の募集が行われた。留学期間は一〇年、留学先はアメリカ合衆国、政府が旅費、学費、生活費のすべての費用を負担し、さらに年間八〇〇ドル（推定金額換算で今の約四〇〇〇万円）の奨学金を支給するという条件であった。渡航手段は、その年の末に欧米に出航する予定の岩倉使節団に便乗するものとした。明治政府の「海外留学規則」（一八七〇年）では、官費留学の年限は通常五年と定められていた。一〇年間の留学は破格であり、とてつもなく長い。近代国家建設のために法制度、経済、科学、技術などの習得を目的として派遣されていた男子留学生とは異なり、黒田らがこの少女たちに託したものは、特定の学問や技術の習得ではない。それは単にアメリカの学校教育を受けさせるということでもなく、一〇年間にわたる「アメリカの家庭生活の体得」であった。高橋の言葉を借りれば、「十九世紀の白人中産階級の女性の規範であった『家庭性』のイデオロギーを日本の女性たちに注入すること」であった。[21]

応募件数は少なかったが、結局、上田貞子（出発時満一六歳、一八五五生）、吉益亮子（一四歳、一八五七—八六）、山川捨松《すてまつ》（一一歳、一八六〇—一九一九）、永井繁子（九歳、一八六一—一九三七）、津田梅子（六歳）の五名が応募し、派遣が承認された。まだ年端も行かない少女たちにとって、父や長兄の決定により文化も人種も違う異国の地にほぼ強制的に送り出されたといってよい。彼らに共通するのは旧幕臣の出身であることで、明治維新後、新政府のもとで下級官吏として仕えていたため、喪失した社会的地位を回復したいという上昇志向もあったものと思われる。もっとも、送り出した家族はその構成員に欧米の渡航経験があるか、なくても海外についてのかなりの知識をもっており、アメリカでの教育の意義を十分認めていたうえでの判断ではあった。[22]

例えば山川捨松の場合、会津藩士の娘で八歳の時、戊辰戦争（一八六八年）で会津若松城に母や姉たちとともに籠城し傷を負った壮絶な経験をもつ。次兄の山川健次郎（一八五四―一九三一）は官軍と戦った白虎隊に入ったが、年少のため除隊となり生き残った。健次郎は捨松より一足先に開拓使の留学生として渡米していた。コネティカット州ニューヘイヴン（New Haven）にあるイェール大学（Yale College）のシェフィールド科学校（Sheffield Scientific School）で学び、後に東京大学の最初の日本人物理学教授となり、やがて東京帝国大学総長になる。[23] 父のいない捨松の留学を決めたのは長兄の山川浩（一八四五―九八、後に高等師範学校校長・貴族院議員）であった。捨松の幼名は咲子であったが、渡米前に母はこの娘を「捨てたつもりで待つ」という悲壮な思いを込めて捨松と改名したのであった。[24]

アメリカの文化や社会に心酔し、さらには女子教育に理解があった旧幕臣の津田仙は北海道開拓使の嘱託を務めていたこともあり、いち早く募集の話を聞いており、積極的に娘の応募を申し出た。当初、仙は二歳年上の長女琴子を応募させようとしたが、本人が嫌がったため、次女の梅子にその役が回ってきた。梅子も両親と離れることは嫌だったが、行ってみたいという気持ちもあったものと見られる。[25]

五人の少女は渡航前、皇后に謁見して「お沙汰書」を手渡された。そこには、「其方女子にして洋学修行の志、誠に神妙の事に候。追々女学御取建の儀に候へば、成業帰朝の上は婦女の模範とも相成候様心掛け、日夜勉励可レ致事」と書かれていた。[26]帰国後は婦女の模範となるようにしっかり勉学に励むようにとの主旨であるが、梅子はずっと後になってもこの沙汰により、帰朝後は日本女性の教育に尽くす使命を与えられたと解釈していたと見られる。[27]後に述べるように、梅子は日本国家のための留学という意識を二度目の留学の際にももちつづけていた。

岩倉使節団は欧米との不平等条約改正および欧米視察の目的で組織され、使節四六名、随員一八名に加えて、五人の少女を含む四三名の留学生が随行することになった。使節には特命全権大使の岩倉具視（一八二五―八三）、副使に木戸孝允（一八三三―七七）、大久保利通（一八三〇―七八）、伊藤博文（一八四一―一九〇九）らがいた。使節団は一八七一（明治四）年一二月二三日、米国太平洋郵船会社のアメリカ号で横浜港を出帆した。出港時は満六歳だった梅子は太平洋上で七歳の誕生日を迎えた。一行は一月三一日にサンフランシスコに到着、その後約八カ月間アメリカに滞在した後、大西洋を渡りヨーロッパ各国を歴訪し、一八七三（明治六）年九月に帰還した。

留学生はそれぞれ各地の留学先に留まり使節団と別れた。アメリカに留まった五人の少女のうち、上田貞子と吉益亮子はホームシックにより健康を害したため一年経たずして帰国した。山川捨松、永井繁子、梅子の三人は別々の家庭に預けられ、アメリカ生活に順応して健やかに成長した。この三人

図1・4　5人の女子留学生．1872年．左から，永井繁子，吉益亮子，上田貞子，津田梅子，山川捨松．日本を出航した時は全員着物を着ていたが，シカゴで初めて洋服姿になって撮影．津田塾大学津田梅子資料室所蔵．

はその後、終生の友として固い絆で結ばれ、日本の女性史において特筆すべき役割を果たすことになる（図1・4）。

梅子はワシントンD.C.の近郊ジョージタウン（Georgetown）に住むチャールズ・ランマン（Charles Lanman, 一八一九—九五）家に預けられた。ランマンは日本公使館の森有礼のもとで書記をしていた関係で梅子を引き取ることになった。子供がいなかったランマン夫妻は梅子を実子のように育てた。かくして、梅子はヴィクトリア時代の白人中産階級のプロテスタント家庭に配置され育てられたのである。一八七二年秋、ステファンソン・セミナリー（Stephenson Seminary，これはステファンソン校長の名からとった通称で、正式名称はCollegiate Institute）と呼ばれる私立の小さな小学校に入学した。留学前に渡された「洋行心得書」には「宗門相改候儀堅く御制禁之事」とあり、改宗は禁じられていたが、梅子は八歳にして自ら進んでキリスト教の洗礼を受けている[28]。両親の入信より早かったのである。捨松と繁子も後に入信している[29]。

一八七八年六月にステファンソン・セミナリーを卒業し、九月からアーチャー・インスティテュート（Archer Institute）というハイスクール・レベルの私立女学校に通った。後に梅子が書いた履歴書には、この学校で次の一七科目を履修したことが記されている。英語学、文学、文法、論理学、フランス語、ラテン語、普通天文学、地理学、究理学、心理学、生理学、歴史、算術、代数、幾何、三角術、博物学である[30]。このうち、とくに語学、数学、究理（物理）、天文に好成績をおさめたという[31]。

梅子は聡明で素直で、しっかり者の少女に育った。育ての父チャールズ・ランマンは梅子について「日出ずる国から訪れた太陽の光であり、わが家を明るくしてくれた」「知性の輝き、性格の誠実さにおいても全く素晴らしい子供である」「子羊のように朗らかで、年相応の楽しみに夢中になった」と賞賛している[32]。アメリカ人と同じように育ち、当時のアメリカ人の価値観や考え方を共有した梅子であったが、反面、いつも自分は「人種も血も」アメリカ人とは違うオリエンタルであり、日本人であるという意識をもっていたと後述している[33]（図1・5、図1・6、図1・7）。

捨松と繁子はハイスクール卒業後、ともにニューヨーク州ポキプシー（Poughkeepsie）にある私

図1・5　ワシントンD.C.の近郊ジョージタウンのランマン家に預けられたばかりの頃の梅子(7歳)．図1・4と同じ服装をしている．津田塾大学津田梅子資料室所蔵．

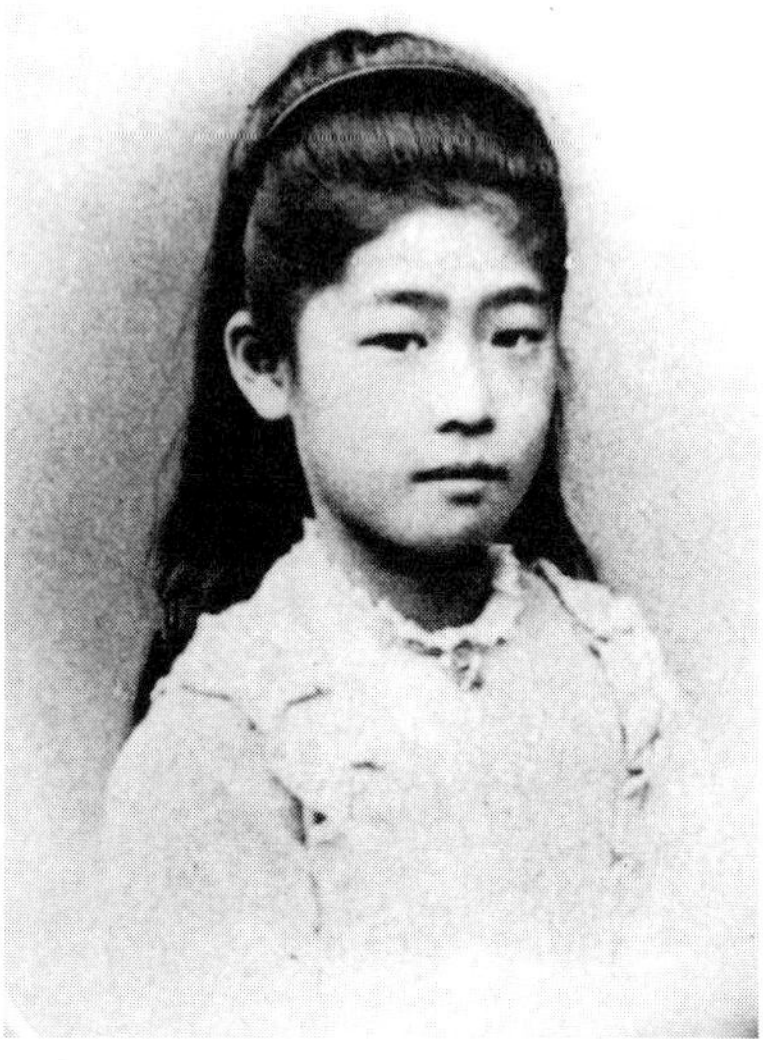

図1・6　1876年11歳頃の梅子．津田塾大学津田梅子資料室所蔵．

図1・7　1876年夏フィラデルフィアの万国博覧会で再会した3人．左から梅子（11歳），捨松（16歳），繁子（14歳）．フィラデルフィアの万博はアメリカ独立100周年を記念して盛大に行われ，35カ国が参加し，会期中（5月10日〜11月10日）1000万人近くが来場した．明治政府は日本家屋のパビリオンを設け，絹織物や陶磁器の展示を行った．津田塾大学津田梅子資料室所蔵．

立女子大学、ヴァッサー大学（Vassar College）に進学した。繁子は三年制の芸術学課程（音楽専攻）を終えて予定通り一〇年後の一八八一（明治一四）年一〇月に帰国した。(34)捨松と梅子はそれぞれの学校を卒業するまで一年間の留学延長の許可をもらった。捨松はヴァッサー大学に四年間通い、フランス語、ドイツ語、ラテン語、英作文、英文法、文学批評、修辞学、歴史、哲学などの科目のほか、理系科目では数学、

図1・8　ヴァッサー大学を卒業した頃の山川捨松．ニューヨークにて．Archives and Special Collections, Vassar College Library（Oyama 2.10）提供．

論理学、物理学、化学、植物学、動物学、地学、鉱物学など幅広く履修している[35]。当時の制度ではとくに専攻は設けられていなかったが、生物系の科目が好きであったという[36]。一八八二年六月にリベラル・アーツ（教養学）のプログラムを優秀な成績で卒業し、日本人女性として初めてアメリカの学士号（Bachelor of Arts, B.A.）を授与された（図1・8）。七月からはニューへイヴン病院の附属看護学校で看護学の勉強をした。この頃までには、帰国したら日本の女子師範学校で生理学ぐらいは教えられるだろうとの自信が芽生えていたようである(37)。

梅子は一八八二年六月にアーチャー・インスティテュートを卒業した。そして、捨松とともに同年一〇月三一日、アランビック号でサンフランシスコを出発し帰国の途についた。一一月二一日、一一年ぶりに日本の土を踏んだ時、梅子は一七歳、捨松は二三歳であった。こうして最年少の梅子は、三人の女子留学生の中でただひとり大学教育を受けることなく帰国した。

## 華族女学校の英語教師

官費留学生としての使命感を強く抱いて帰国した梅子は、当面は教師になることを希望していた。けれども、政府は梅子らに何の受け入れ準備もしていなかった。帰国後速やかに何らかのポストに起用される男子留学生とは対照的な扱いに失望した。男子留学生とは異なり、学問ではなくアメリカ文化の家庭生活を体験することで日本婦女の模範としての「賢母」となることを託して送り出した側の意識と、日本女性の教育を使命として送り出されたと理解する梅子らの意識には齟齬があった(図1・9)。

梅子のもう一つの悩みは言葉の問題であった。梅子の英語の会話力はネイティヴ並みで、当時欧米に留学して帰国した日本人たちの中では一、二と評されるほどであった(38)。反面、日本語はすっかり忘れ、読み書きすら十分にできない状態だった。そのため私塾の桃夭《とうよう》女塾の下田歌子(一八五四―一九三六)から国語と書道を習い、傍ら下田と同校の女生徒に英語を教えた。また岩倉使節団で知遇を得

図1・9　帰国したばかりの梅子（18歳頃）．1883年．
津田塾大学津田梅子資料室所蔵．

た伊藤博文と再会し、彼の依頼で伊藤家に住み込みで夫人（もと芸者の梅）と娘の英語教師をするとともに、夫人の外国人との会話の通訳をした。このようにして、公的な職が見つかるまでの日々を過ごした。

梅子たちが帰国した翌月、永井繁子は在米中に出会った海軍中尉・瓜生外吉《うりゅうそときち》（一八五七―一九三七、後に海軍大将）と結婚した。後に東京音楽学校、東京高等女学校、女子高等師範学校で、ピアノを中心とした音楽教育に尽力した。捨松は帰国後しばらくして、東京女子師範学校（女子高等師範学校の前身）に生理学と動物学の教職ポストの空きができたので、文部省から捨松にどうかという打診を受けた。心は揺れたが、まだ日本語の読み書きに自信がなかったため、やむなく辞退した(39)。そして帰国から一年後、迷いながらも一八歳年上の陸軍卿・大山巌《いわお》（一八四二―一九一六）の後添えとして嫁いだ。美しいドレスを着こなして鹿鳴館の舞踏会に出席し、外国の外交官たちと親しく交流した捨松は「鹿鳴館の花」と呼ばれるようになった(40)。当時の梅子はそんな捨松の生き方に不満をもったが、その後、捨松は大山伯爵（後に公爵）夫人としての地位から日本の女子教育をさまざまな形で支援し、梅子の就職や英学塾創立のバックアップをすることになる。梅子自身は二人のように結婚して家庭をもつ道を選ばなかった。

一八八五（明治一八）年九月、男女別学の文部省の方針に則り、学習院の女子部が独立して華族女学校が開校した（図1・10）。帰国から三年を経て二一歳になっていた梅子は、ようやく同校の英語教師として採用された（図1・11）。梅子の採用は、伊藤や下田歌子（後に同校の学監兼教授）、創立準備委員の大山捨松の働きかけによるものであったと思われる。採用時の梅子の職位は教授補だったが、同年一一月には教授となり年俸四二〇円が支給された。同校は当時、小学科（六年間）と中学科（六年間）の二科に分かれ、英語は中学科で教えられた(41)。

「華族」は明治期から一九四七（昭和二二）年まで存在した皇族に次ぐ貴族的身分階級（旧大名家、国家勲功家、旧公家など）であり、同校はその華族の娘たちのための学校で、当時は宮内省所轄の官立学校であった。華族の学齢女児の入学を原則とはしたが、初年度は華族以外からも入学を募集した

図1・10　1885年11月13日の華族女学校開校式の図（「華族女学校行啓」）．壇上の皇后宮（後の昭憲皇太后）を前に，校長の谷干城《たてき》が答辞を朗読する光景を描いている．明治天皇御紀附図稿本．宮内庁宮内公文書館所蔵．梅子はこの日の様子をランマン夫人に詳しく手紙に書き，「全てが終わった後，とても疲れました」と結んでいる（11月20日付 *Attic Letters*, pp. 230–231）．

結果、下田歌子の経営していた桃夭女塾の生徒も六〇名ほど入学した。同校の生徒心得の第二条には次のように書かれている。

本校に在つて学業を勤むる者は、他日夫に配しては良妻たるべく、子を得ては賢母たるべく、父母舅姑に事へては孝順の子婦たるべく、奴婢僕隷に臨みては温良慈恵の内君たるべく、畢竟貴族女子の資徳を完備せんが為なれば、虚文に馳せず空想に流れず、専ら応用の道を索むべし。(42)

このように、良妻賢母の女徳をもたせる教育をすることを旨としていた。

永田町にあった華族女学校での教員生

図1・11　津田梅子とその家族の集合写真．梅子が華族女学校の教員となって1年後の1886（明治19）年9月，学農社農学校のあった敷地にて．前列左から，梅子，琴子（姉），初子（母），仙の姉，富子（妹），清子（妹），余奈子（妹），満里子（妹）．後列（起立）左から，元親（弟），次郎（弟），上野栄三郎（琴子の夫），仙（父），純（弟），婦貴子（妹）．津田塾大学津田梅子資料室・津田家コレクション所蔵．

活は多忙であったが、そこで教えるうちに梅子は、生徒たちが人形のように従順で淑やかだが自主性に乏しく、知的に不活発なことに苛立ちと不満を抱き始めた[43]。同時に、これは帰国直後から感じていたことではあるが、男性中心的で女性の社会的地位が低い日本の現状を見て、また日本の女性たち自身がそのことに対する問題意識があまりにも低いことを知るにつけ驚き嘆いた。アメリカで少女期の大半を過ごした梅子にとって、これは大きな逆カルチャーショックであった[44]。

### 再留学の夢とその実現に向けて

梅子の性格は、単純だが情熱的ですこぶる意志が強かった。この頃から教師を生涯の職業と定め、独身を貫く決意をしたと思われる。結婚して夫に従い子を産み育て家を守ることが美徳とされた日本女性のあり方には抵抗を感じた。留学帰りの学者から求婚されたこともあったが、梅子の気持ちは変わらなかった[45]。父の仙は欧米の文化や思想に傾倒しながらも日本の家父長制や婚姻制には疑念をもたないといった矛盾する面があったが、梅子の結婚については一切干渉しなかった。

ちょうどこの頃から梅子は、捨松や繁子のようには大学教育を受けていないハンディを意識し始め、アメリカへの再留学を夢見るようになる。少女期を過ごしたアメリカへの望郷の念も募っていたはずである。アメリカ留学時の育ての母であったアデライン・ランマン（Adeline Lanman, 一八二六—一九一七）（図1・12）に宛てた手紙に、そうした思いを率直に綴っている。

一八八八（明治二一）年の春から夏にかけて、梅子はこの夢の実現に向けて具体的に動き出した。梅子は「第一級の教師（first-rate teacher）[46]」になるために、アメリカの最良の教育機関で二年またはそれ以上大学教育を受けることを切望した。大学は最初から決めていたわけではなかったことは、この時期にランマン夫人に、スミス大学、ウェルズリー大学、マウント・ホリヨーク大学、および適当な師範学校（normal school）の入学案内を取り寄せるよう依頼していることからもわかる[47]。同年七月一〇日付のランマン夫人宛ての手紙に、梅子は次のように書いている。

アメリカ留学のことですが、考えておいて欲しいのです。再び行くなら、北部の師範学校のような特別の専門のための機関に入学して教授学（the science of teaching）を専攻し、またいくつかの大きな学校ではどのように教育がなされているかを見てみたいのです。（中略）私は、遊びのた

図1・12　梅子のアメリカでの育ての母，アデライン・ランマン．津田塾大学津田梅子資料室所蔵．

めではなく、もっと勉強してより良い教師になりたいから学びたいのです[48]。

同時に、留学資金の問題が障害になっていること、国から一度留学の機会を与えられた者が二度目の留学を許可されるかどうかの心配が述べられている。

　日本で梅子の相談相手となり、梅子の背中を後押ししたのがアリス・ベーコン（Alice Mabel Bacon, 一八五八―一九一八）であった。ベーコンは捨松の留学先の娘で、捨松の計らいで華族女学校に英語教師として来日していた。後の梅子の塾創設にも関わる人物である[49]。梅子自身が校閲したという吉川利《とし》一《かず》（一八八八―一九六八）の『津田梅子伝』には、当時の梅子の心境について次のように書かれている。少し長いが、重要な点なので引用する。

教壇に立ってから三年になる。その間自分は何をして来たか。職務に不熱心であったとは、自分ながら考えないが、名実ともに英語の教師である。英語の教授も悪くはない。しかし英語の知識を与える丈では満足できない。現に毎日熱心に英語を教えながら、心の奥には寂しさがある。開拓使が長い間私を留学させたのは何のためか。皇后宮のお沙汰書には「成業帰朝の上は婦女の模範とも相成る様」とのお言葉もある。それを思えば、単なる英語教師で満足していることは出来ぬ。もっと魂をうち込み得るような仕事がありそうなものだ。（中略）わたしのなすべき仕事は何であるか。ともかくも今の生活を打ち破って、新しい境遇を切開こう。それには何か専門の研究をして見たい。いまの日本の婦人には、学者というような人もいない。婦人にそういう素質があるか、わたしに思い切った研究が出来るか、また学者になることがわたしの使命であるか——そういうことは、今のわたしにはわからない。しかし多かれ少なかれ、持って生れた天分を伸して見たい。女なるが故に学問をしてはならぬというはずはあるまい。わたしは敢えて学者になりたいとは思はない。だが教育の機会を得て自分の才能を十分のばして見たい。それが今のわたしの望みである。自分の才能をのばしてこそ、新しい生活も開けて来よう。自分の前途の見通しもつこう。魂をうちこむ仕事も見つかるであろう。こういう心持に同情し、再度の外遊を勧めてくれたのは、ミス・ベーコンである(50)。

一方、父の仙が学農社農学校に英語教師として招いたウィリアム・ホイットニー（William Cogswell Whitney, 一八二五―八二）の娘クララ（Clara A. N. Whitney, 一八六〇―一九三六）から、梅子の希望が最初の留学時から知己のあったクウェーカー教徒で有力者のモリス夫人（Mary Harris Morris, 一八三六―一九二四）に伝えられた(51)。ちなみに、クララは父とともに来日し、一八八六（明治一九）年に勝海舟の三男・梶梅太郎（一八六四―一九二五）と結婚している(52)。仙はクララと親しく、クララの書いた西洋料理本の翻訳も行っている(53)。梅子はある時、クララにも自分の気持を漠然と漏らしたと見られる(54)。クララはフィラデルフィア郊外のオーバーブルック（Overbrook）に住むモリス夫人と懇意であった。クララから知らせを受けたモリス夫人は、自宅のオーバーブルックから近いクウェーカー教系の女子大学、ブリンマー大学（Bryn Mawr College）の学長に梅子の受け入れについて相談をした。その結果、同校が授業料・寮費・食費免除で梅子の入学を許可することになった。津田梅子研究者の亀田帛子によれば、大学の理事会が梅子を特別生として受け入れることを決定したのは一八八八年六月三〇日であった(55)。こうして再留学の夢が実現へと向かった。ここにも捨松や仙の人脈が関わっていたのである。

筆者は、先行研究が言及していなかった二種類の梅子の「留学願書《ねがいしょ》」の所在を確認した。一つは学習院アーカイブズ（旧学習院院史資料室）に、もう一つは宮内庁宮内公文書館（旧宮内庁書陵部図書

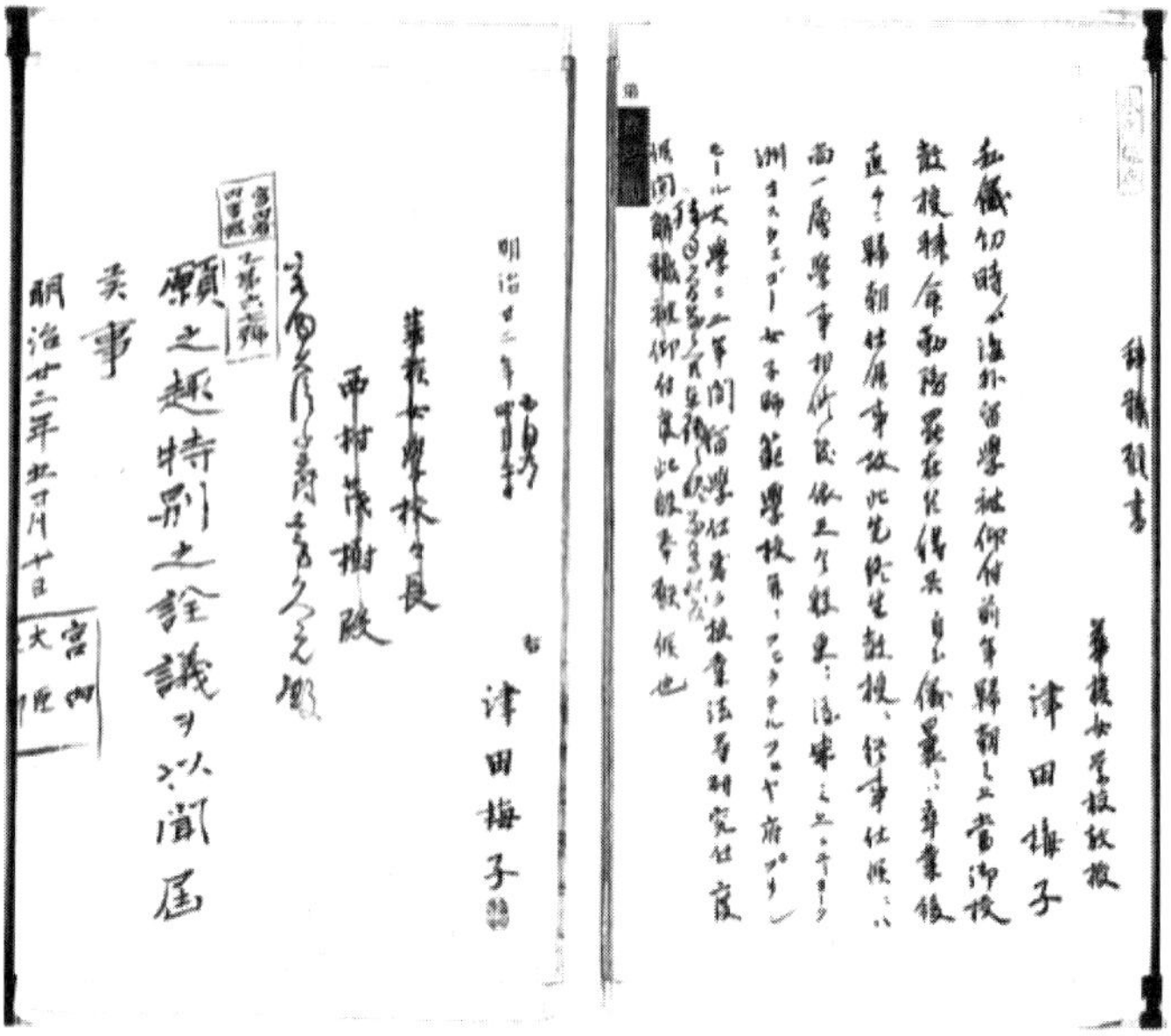

図1・13　梅子の「辞職願」1889（明治22）年4月30日，華族女学校『進退録』（自明治16年至同30年）．学習院アーカイブズ所蔵．

館）に保存されている。前者は梅子が華族女学校の校長西村茂樹（一八二八―一九〇二）宛に一八八九（明治二二）年四月三〇日付で提出したもので「辞職願」と題されている（図1・13）。しかし、標題の「辞職願」の「辞職」の部分に朱で線が引かれ「願書」と訂正されている。また、文中の「解職被仰付度」が「在職之儘留学仕度」に変更されている。したがって、いったんは辞職を申し出たのであり、梅子の覚悟のほどを知ることができる。しかし、学習院院長の大島圭介（一八三三―一九一一）と西村との計らいで、帰国後も勤務を続けるという前提で給料付き在官留学が認められたと考えられる。(56)

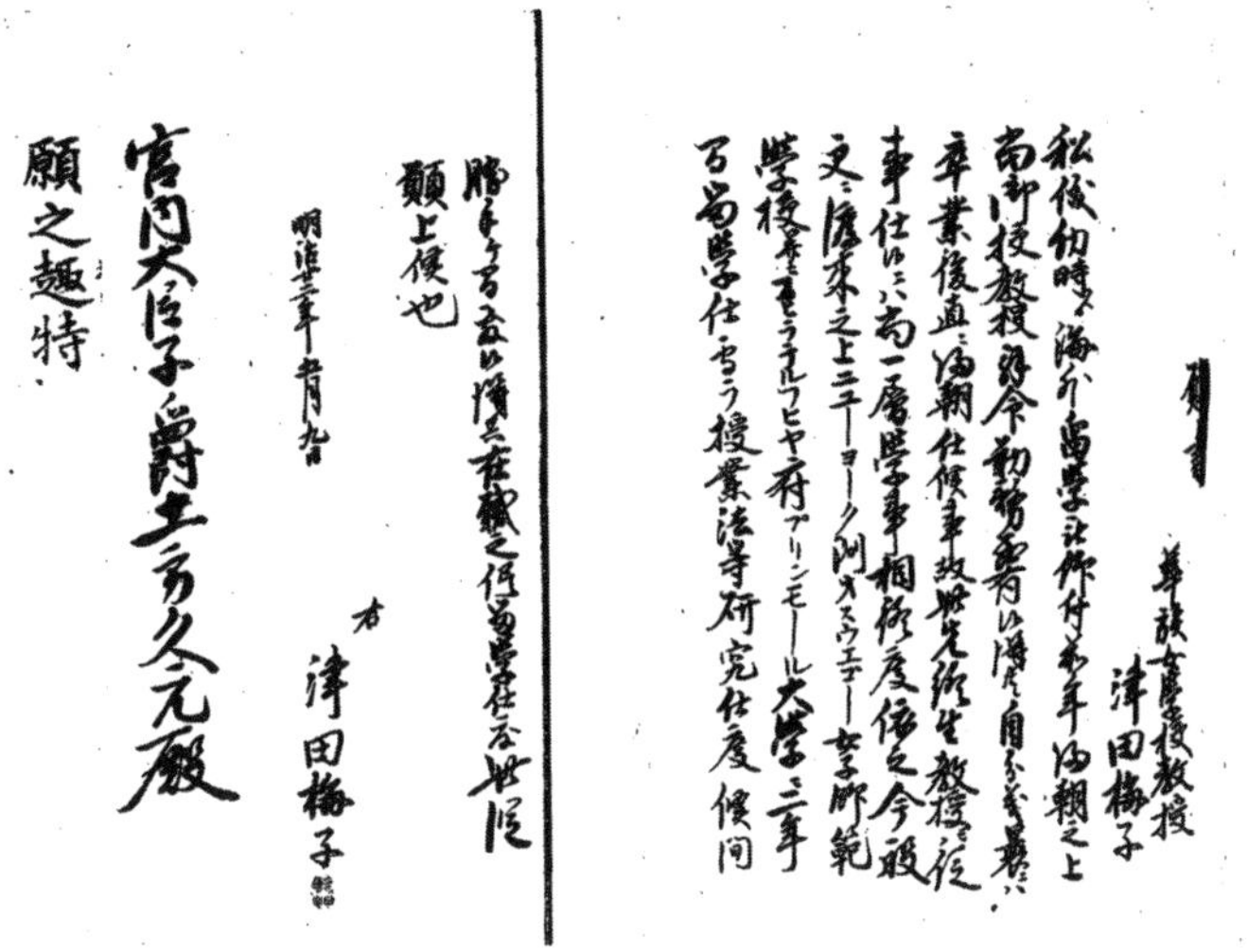

願書
華族女学校教授
津田梅子
私儀幼時ヨリ海外留学被仰付帰朝之上
当御校教授被命勤務罷在候得共自分未タ最モ
卒業後直ニ帰朝仕候事故此先終生教授ニ従
事仕ルニハ尚一層学事相修度候ニ付今般
更ニ渡米之上ニューヨーク洲オスウヱコー女子師範
学校並ニフヒラテルフヒヤ府プリンモール大学ニ三年
間留学仕専ラ授業法等研究仕度候間
勝手ヶ間敷候得共在職之侭留学被仰付度此段
願上候也
明治廿二年五月九日
右 津田梅子
宮内大臣子爵土方久元殿
願之趣特

図1・14　梅子の留学の「願書」1889（明治22）年5月9日．内事課『進退録　明治22年』．宮内庁宮内公文書館所蔵．

さらに、宛先が「華族女学校々長西村茂樹殿」から「宮内大臣男爵宛土方久元殿」に、日付が「四月三十日」から「五月九日」に朱で訂正されていることから、もう一つの資料、宮内大臣の土方久元宛の願書の下書きとしたことが推察される。

この宮内大臣宛の正式の「願書」（一八八九年五月九日付）が、宮内庁宮内公文書館所蔵の資料である（図1・14）。そこには学習院アーカイブズ所蔵のものと同様の文面で、概略次のように書かれている。自分は幼い頃に海外留学を仰せつけられ帰朝した後、華族女学校の教授を拝命し勤務して参りましたが、この先終生教授として従事するため、なお一層学ばなければなりません。そこで今般、「更ニ渡米之上ニユーヨーク洲オスウエゴー女子師範学校並ニフヒラテルフヒヤ府プリンモール大学二ニ年間留学仕専ラ授業法等研究仕度候」[57]。留学目的が専ら「授業法等」を研究することと明記されていること、留学先については、「オスウエゴー女子師範学校」（オスウィーゴー師範学校）が「プリンモール大学」（ブリンマー大学）より先に書かれていることに注目しておきたい。後者の大学には教育学や教授法を専門に扱う独立した課程はなかったことは梅子も承知していたはずである。

ニューヨーク州にあるオスウィーゴー師範学校（当時の正式名称はOswego State Normal and Training School）は、小学校教員養成を目的に一八六〇年代に設立された州立の学校である。スイスの教育家ヨハン・ペスタロッチ（Johann Heinrich Pestalozzi, 一七四六―一八二七）の思想にもとづく実物教育で知られ、東京高等師範学校校長の高嶺秀夫（一八五四―一九一〇）が一八七五年に師範教育調査のために留学しており、梅子にもその情報が入っていたものと推察される[58]。

このようにして、梅子のアメリカへの再留学の夢は現実のものとなった。二度目のアメリカで梅子の見たものは何だったか、ブリンマーの大学生活で何が待ち受けていたか、については次章で見ることにしよう。

### 第一章 注

（1）兄弟姉妹は上から順に、琴子（一八六二生、以下生年）、梅子（一八六四）、元親（一八六六）、次郎（一八六九）、金吾（一八七一）、銀吾（一八七一）、婦貴子（一八七三）、純（一八七六）、満里子（一八七八）、余奈子

（一八八〇）、清子（一八八一）、富子（一八八四）。長女の琴子は母方の叔父に養女として出された。三男の金吾と四男の銀吾は双子であったが、生後間もなくともに他界した。長男の元親は三五歳、三女の婦貴子は二一歳で亡くなり、六女の清子は七歳で夭逝している。このほかに、仙には婚外子が二人いた。津田道夫『津田仙の親族たち』（ミヤオビパブリッシング、二〇一二）一四—一六頁。家族写真は図1・11。

（2）津田仙については、津田昇（編）『津田仙翁略傳』（私家版、一九五八）、都田豊三郎『津田仙——明治の基督者』（伝記叢書三四）（大空社、二〇〇〇）、金文吉『津田仙と朝鮮——朝鮮キリスト教受容と新農業政策』（世界思想社、二〇〇三）、高崎宗司『津田仙評伝——もう一つの近代化をめざした人』（草風館、二〇〇八）、津田『津田仙の親族たち』参照。梅子は仙の経歴を英語で書いている。U. T. [Ume Tsuda], "Hon. Sen Tsuda," *The Japan Evangelist*, vol. XI, no. 9 (September 1904): 273-275.

（3）吉川『津田梅子伝』三八—四〇頁。

（4）Tessa Morris-Suzuki, "The Great Translation: Traditional and Modern Science in Japan's Industrialisation," *Historia Scientiarum*, vol. 5, no. 2 (1995): 103-116.

（5）津田仙『荷衣伯連氏法　農業三事　上・下』（前川善兵衛・青山清吉、一八七四）。扉頁には Daniel Hooibrenk's Method of Cultivation, Explained by Three Different Processes, by S. Tsuda という英文題名が記されている。津田仙の『農業三事』および農学活動については、伝田功『近代日本経済思想の研究——日本の近代化と地方経済』（未来社、一九六二）一四三—二四二頁、斎藤之男『日本農学史——近代農学形成期の研究』（農業総合研究所、一九六八）六六—七六頁参照。

（6）吉川『津田梅子伝』一二六頁。

（7）津田仙「禾花媒助法之説」『明六雑誌』四一号（一八七五）、山室信一・中野目徹（校注）『明六雑誌（下）』（岩波文庫、二〇〇九）三二六—三三四頁所収。

（8）津田仙「澳国博覧会農業園芸ノ伝習及爾後ノ状況」田中芳男・平山成信（編）『澳国博覧会参同記要』下編（森山春雍、一八九七）三三—三六頁、引用箇所は三五頁（傍線は津田仙）。同書はウィーン万博の報告書であるが、万博から二四年後に刊行された。したがって、仙の報告にはその後の状況も書かれている。

（9）Charles Darwin, *The Effects of Cross and Self Fertilisation in the Vegetable Kingdom* (London: John Murray, 1876)［ダーウィン（矢原徹一訳）『ダーウィン著作集3　植物の受精』（文一総合出版、二〇〇〇）］。
（10）この点の議論については次の文献も参照。斎藤『日本農学史』七二頁。
（11）原道徳「稲の増産にハチミツ――明治前期の試験顛末」『ミツバチ科学』一五巻・三号（一九九四）一二五―一三〇頁、斎藤『日本農学史』六九―七一頁、高崎『津田仙評伝』五四頁。
（12）『農業雑誌』の影響については、加納弘勝「津田仙の『農業雑誌』と地域への広がり――明治一〇年代と二〇年代の読者に注目して」『国際関係学研究』（津田塾大学）四五号（二〇一八）一―一七頁参照。
（13）都田『津田仙』四三―五〇頁。
（14）並松信久「明治期における津田仙の啓蒙活動――欧米農業の普及とキリスト教の役割」『京都産業大学論集　社会科学系列』三〇巻（二〇一三）八五―一二二頁。
（15）都田『津田仙』一五一―一六九頁、後藤新「近代日本における禁酒運動――一八九〇年東京禁酒会の成立まで」『法政論叢』五五巻・一号（二〇一九）一五―二八頁。
（16）都田『津田仙』一七四―一八二頁。
（17）氣賀健生『青山学院の歴史を支えた人々』（青山学院、二〇一四）二七―三五頁。
（18）黒田の建議書は津田塾大学（編）『津田梅子文書』八二―八三頁に再録。
（19）高橋『津田梅子の社会史』二六頁。
（20）明治初期の賢母養成のための女子教育論については小山静子『良妻賢母という規範』（勁草書房、一九九一）三五―四〇頁参照。
（21）高橋『津田梅子の社会史』三一―三三頁、引用箇所は三三頁。
（22）前掲書、二九―三〇頁。
（23）山川健次郎は一八七一（明治四）年一月に日本を発ち一八七五（明治八）年五月に帰国した。キリスト教を邪教と信じていた彼は宗教上の理由から当初、捨松のアメリカ留学には反対であったが、米国駐在の森有礼と話し合って気持ちを変えたという。高橋『津田梅子の社会史』八二―八四頁。山川健次郎については、山川健次郎

『男爵山川先生遺稿』(故山川男爵記念会、一九三七)、花見朔己(編)『男爵山川先生伝』(故男爵山川先生記念会、一九三九)、渡辺正雄『日本人と近代科学』(岩波新書、一九七六)I章参照。

(24)山川捨松については、久野明子『鹿鳴館の貴婦人大山捨松――日本初の女子留学生』(中公文庫、一九九三)、秋山ひさ「明治初期女子留学生の生涯――山川捨松の場合」『論集』(神戸女学院大学研究所)三一巻・三号(一九八五)八一―一〇四頁参照。

(25)高橋『津田梅子の社会史』一八頁および二三一頁・注(33)。

(26)津田塾大学(編)『津田梅子文書』八三頁。

(27)高橋『津田梅子の社会史』三六―三七頁。

(28)吉川『津田梅子伝』九一―九五頁。「洋行心得書」は津田塾大学(編)『津田梅子文書』八四―八五頁に掲載。明治政府は一八七三(明治六)年二月にキリスト教禁止令を廃止(いわゆる「高札撤去」の布達)していたが、そのことが梅子の洗礼と関わっていたかについては見解が分かれている。『津田梅子文書』の解説(五六〇頁)では、関係はなかったとしている。これに対して寺坂有美は、駐米弁務使の森有礼に本国から「高札撤去」の第一報が入り、この知らせが森を通して梅子にもたらされたとしている。そのうえでアメリカ文化への同化願望のあった梅子が自ら入信を希望したとする。その結果、ランマン夫妻は森と相談のうえ、その年の七月一三日に梅子に教派無所属の独立教会で受洗させたという。寺坂有美「明治女子留学生の入信に関する一考察――津田梅子の場合」『大正大学大学院研究論集』二五号(二〇〇一)二七八―二六五頁。

(29)久野『鹿鳴館の貴婦人大山捨松』一〇一頁、生田澄江『舞踏への勧誘――日本最初の女子留学生永井繁子の生涯』(文藝社、二〇〇三)五四頁。

(30)津田梅子履歴書、一八八五年九月、津田塾大学津田梅子資料室所蔵。この履歴書は、梅子が華族女学校に就職する際に学校に提出したものと思われる。

(31)古木『津田梅子』五四頁。

(32)前掲書、四六―四七頁。

(33)梅子から Adeline Lanman 宛書簡、一八八八年五月六日付、Tsuda, *The Attic Letters*, pp. 81-82.

（34）永井繁子については、生田『舞踏への勧誘』、同書の改訂版『瓜生繁子——もう一人の女子留学生』（二一世紀アート、二〇一七）、亀田帛子「瓜生繁子——青春を共有した友として」飯野ほか（編）『津田梅子を支えた人びと』七一—九六頁。

（35）Transcript of Sutematz Yamakawa, A. B. 1882, Registrar's Office, Vassar College. 捨松は名前の英語表記をSutematzとしていた。当時のヴァッサー大学には主専攻（major）というものはなく、学生は教養として定められたさまざまな科目を学ぶことが要求された。

（36）久野『鹿鳴館の貴婦人大山捨松』一二九頁、一三九—一四〇頁。

（37）山川捨松からAlice Bacon宛書簡、一八八二年八月二日付、Oyama Collection, Archives and Special Collections, Vassar College Libraries. 帰国後の夢を語ったこの手紙には生理学のほかに体育も教えられそうだと書かれている。

（38）梅子の優れた英語力については例えば、捨松がアリス・ベーコンに宛てた手紙で、「彼の話す英語は私の知っている限り、たぶん梅子を除いては日本で一番上手だと思います」と語っていることからも推察される。捨松からAlice Bacon宛書簡、一八八三年二月二〇日付、Oyama Collection, Archives and Special Collections, Vassar College Libraries. なお、この「彼」とは、後の東京高等商業学校教授で英語学者の神田乃武《ないぶ》のことである。久野『鹿鳴館の貴婦人大山捨松』一六八頁。

（39）捨松からAlice Bacon宛書簡、一八八三年二月三日付、Oyama Collection, Archives and Special Collections, Vassar College Libraries.

（40）久野『鹿鳴館の貴婦人大山捨松』二〇〇—二〇一頁。

（41）女子学習院（編）『女子学習院五十年史』（女子學習院、一九三五）二一九頁。華族女学校についてはこのほか、学習院百年史編纂委員会（編）『学習院百年史　第1編』（学習院、一九八一）第四章、学習院女子中等科・高等科（編）『学習院女子中等科・高等科百年史』（学習院女子中等科・高等科、一九八五）参照。また、高橋裕子「昭憲皇太后と津田梅子——華族女学校での接点を中心に」『明治聖徳記念学会紀要』復刻第五〇号（二〇一三）六二五—六四四頁参照。

(42) 女子学習院（編）『女子学習院五十年史』二二二頁。
(43) 華族の女子については、黒岩比佐子『明治のお嬢さま』（角川選書、二〇〇八）、華族史料研究会（編）『華族令嬢たちの大正・昭和』（吉川弘文館、二〇一一）。
(44) 清水孝子「津田梅子の *The Attic Letters* に見る異文化変容」『日本文理大学紀要』二九巻・二号（二〇〇一）九五―一〇六頁、芹沢有美・戸田徹子「異境への帰国――津田梅子書簡に見る日本」『山梨県立女子短大地方研究』二号（二〇〇二）一〇三―一一七頁。
(45) 求婚者は神田乃武（一八五七―一九二三）と見られる。英語学者の神田はアマースト大学を卒業し、帝国大学文科大学教授、東京高等師範学校教授、学習院教授を歴任した。藍谷栄「津田のお梅さん」『英語青年』六二巻・四号（一九二九）一三九―一四〇頁。藍谷は梅子の姪であり、次のように書いている。「二十一二頃のお梅さんの風貌は、目鼻立ちの揃つて格好のよかつたことから推察しても見られることであるが、当時の事をよく記憶してゐられる辻村女史の言によると、小柄で頬の豊かな、口元の可愛い、ぼうつとして子供らしい方であつたといふから、如何にも愛くるしい人であつたらう。それに当時女性としては外国仕込みの殆ど一人者であつたので、錚々たる新帰朝者の紳士が目をつけたのも尤もな次第である」（一三九頁）。また再留学からの帰国後は、中島力造（一八五八―一九一八）からの求婚があったという（同前）。倫理学者の中島はイェール大学に私費留学し、後に東京帝国大学教授になった。
(46) 梅子から Adeline Lanman 宛書簡、一八八八年五月六日付、*The Attic Letters*, pp. 248-250.
(47) 梅子から Adeline Lanman 宛書簡、一八八八年七月一〇日付、*The Attic Letters*, p. 314. 一八八八年八月五日付、*The Attic Letters*, pp. 315-316.
(48) 梅子から Adeline Lanman への書簡、一八八八年七月一〇日付、*The Attic Letters*, p. 314.
(49) ベーコンについては、高橋『津田梅子の社会史』第五章、高橋裕子「アリス・ベーコンと大山捨松――梅子を支援したベーコン家の〈娘〉たち」飯野ほか（編）『津田梅子を支えた人びと』四九―七〇頁、アリス・ベーコン（久野明子訳）『華族女学校教師の見た明治日本の内側』（中央公論社、一九九四）、同（矢口祐人・砂田恵理加訳）『明治日本の女性たち』（みすず書房、二〇〇三）参照。

(50) 吉川『津田梅子伝』一七二―一七三頁。

(51) この間の経緯については、亀田『津田梅子』一一六―一二二頁、同『津田梅子とアナ・C・ハーツホーン』第一部・第一章に詳しい。

(52) クララは梅太郎との間に六人の子供をもうけたが、後に離婚して子供たちとともにアメリカに帰国した。クララについては、クララ・ホイットニー(一又民子ほか訳)『クララの明治日記――勝海舟の嫁』上・下(中公文庫、一九九六)、佐野真由子『クララ・ホイットニーが綴った明治の日々』(日記で読む日本史一八)(臨川書店、二〇一九)参照。

(53) クララ・ホイトニー(津田仙・皿白キン訳)『手軽西洋料理』(江藤書店、一八八五)。

(54) 梅子から Adeline Lanman への書簡、一八八八年一〇月五日付、*The Attic Letters*, p. 318. この手紙にブリンマー大学の話が初めて登場する。

(55) 亀田『津田梅子』一二二頁、同『津田梅子とアナ・C・ハーツホーン』一五頁。

(56) 津田梅子「辞職願」(明治二二年四月二〇日付)『華族女学校進退録 自明治十八年至同三十年』学習院アーカイブズ所蔵。『内事課進退録 明治二十二年』の「梅子留学願関係文書」(宮内庁宮内公文書館所蔵)には「津田洋行之義先校長大鳥勤中本人ヨリ内願致居大鳥モ略承允ノ趣ヲ以テ西村校長ヨリ内申有之ニ付特別ノ詮議相成候事 但在官ノ侭被聞届候ニ付帰朝ノ上ハ依然奉職ノ筈」と記されている書類があり、大鳥と西村の了解があることが裏付けられる。

(57) 津田梅子、土方久元宛「願書」(明治二二年五月九日付)、『内事課進退録 明治二十二年』「梅子留学願関係文書」宮内庁宮内公文書館所蔵。

(58) 高嶺秀夫のオスウィーゴー師範学校留学については、高嶺秀夫先生記念事業會『高嶺秀夫先生傳』(培風館、一九二一)(復刻版、大空社、一九八七)第四章に詳しい。当時高嶺は高等師範学校教頭で、高嶺夫人は梅子と英語演劇クラブの仲間であった。久野『鹿鳴館の貴婦人大山捨松』一六四頁。オスウィーゴー師範学校については次の文献がある。Andrew P. Hollis, *The Contribution of the Oswego Normal School to Educational Progress in the United States* (Boston: D. C. Heath, 1898).

# 第二章　ブリンマー大学と生物学

今の私は［最初の留学から］帰国した時よりも精神的に成長していると思いますし、学ぶことの大切さがもっと分かっているつもりです。

――津田梅子、ランマン夫人宛手紙、一八八八年

そして又私の面白く読んだのはダーウインの伝［記］。これは理学の方の興味を得てからのこと。その内さすがのダーウインも何うしても独逸語が覚えられなかつた事など面白く感じました。

――津田梅子「読み耽つた伝記」一九〇八年

津田梅子の幼少期の留学は自分の意志ではなく、国から、そして家から、半ば強制的にアメリカに送り出された形の留学であった。何もわからないまま、すべてが大人たちから与えられ用意された環境の中で生活し成長したのに過ぎなかった。だが二度目の留学は違う。官費留学ではあったが、それは自分の意志で主体的に勝ちとった留学であった。そして、精神的に成長した大人の眼でアメリカを再び体験することになる。だから今度の留学は梅子のキャリアにとってより大きな意味をもつはずで

あった。本章では、ブリンマー大学で何に出会い、何を学び、それが梅子をどう変えていったかを具体的に見てみよう。

## ブリンマー大学の生物学科

梅子は一八八九(明治二二)年七月に渡米し、アメリカの新学期にあたる秋学期からブリンマー大学に入学した。入学時二四歳であった。大学での梅子の身分は特別生(special student)であった。特別生とは、ブリンマーの規定によれば、学士号を目指さない学生である。ただし必要な単位を取得さえすれば正規の学部学生に編入できる仕組みになっていた。ブリンマー大学には入学試験があったが、梅子はこれも免除されている(1)。

生物学を専攻することに決めたのは、大学に着いて以後であったことは明らかである。実際、渡米前にランマン夫人に宛てた一連の手紙の中にも、生物学(biology)という語は一度も出てこない。梅子の校閲が入った吉川利一の『津田梅子伝』にも次のように記されている。

当時ブリンマーには文学科、生物学科、ギリシャ語科、ラテン語科などの分科があった。梅子が横浜を立つころには、まだ専攻の学科について、確なあてもなかったが、いろいろ考えた末、生物学を専攻科目に選み、別に二三科目を聴講することにした(2)。

なぜ生物学を専攻したかについては次節で検討することにして、ここではブリンマー大学とその教育について述べておこう。アメリカ東部では一八八〇年代までに、いわゆる「セブン・シスターズ（Seven Sisters）」と呼ばれる七つの私立女子大学が創立された。創立年順に、マウント・ホリヨーク（Mount Holyoke Seminary, 一八三七年創立、一八八八年にMount Holyoke Collegeに改称）、ヴァッサー（Vassar College, 一八六五年創立）、ウェルズリー（Wellesley College, 一八七五年創立）、スミス（Smith College, 一八七五年創立）、ラドクリフ（Radcliffe College, Harvardから一八七九年独立）、ブリンマー（一八八五年創立）、バーナード（Barnard College, Columbiaから一八八九年独立）の七大学である。前章で見たように、捨松と繁子はこのうちのヴァッサーで学んだ。アメリカではこうした動きの中で一八七〇年代から八〇年代に高等教育を受けた女性たちが「女性の高等教育第一世代」と呼ばれている(3)。国籍は異なるが、当然捨松や繁子もその中に含まれる。

セブン・シスターズの一つであるブリンマー大学は、クウェーカー教徒の医師ジョセフ・テイラー（Joseph W. Taylor, 一八一〇—八〇）の遺志による寄付によって、一八八五年秋に四四名の学生を集めて、フィラデルフィア郊外のブリンマーの地に開校した（図2・1）。梅子は創立からわずか四年目に入学したことになる。

同校の理念は他の女子大とは異なる特色があった。それには、当時学部長で一八九四年に第二代学長になった英語学教授ケアリー・トマス（M. Carey Thomas, 一八五七—一九三五）（図2・2）の思想が強く反映されている。トマスは自らの学生時代の男女差別による苦しい体験から、男性と同じ教

図2・1　ブリンマー大学のキャンパスの空中写真．1890 年．Bryn Mawr College Special Collections.

育を女性に受けさせるべく闘い続けた初期のフェミニストとして知られる。欧米で女性の社会的権利獲得運動を展開した、いわゆる「第一波のフェミニズム（first-wave feminism）」の活動家の一人である。両親は敬虔なクウェーカー教徒として禁酒運動や宗教活動に熱心だった。トマスはその影響を受けながらも、ヴィクトリア的家庭観——女性と不可分とされた家庭の観念——を拒否した。(4)

ブリンマーは女子大ではあるが、いわゆる「良妻賢母」的女性を育てることを目的としなかった。当時、アメリカでは家事を科学化して改善するための学問として「家政学」の運動が女性の間で起きていた。(5) これに対し、トマスは「女性性」と結びついた家政学を拒否するだけ

図2・2　ケアリー・トマス．1889年．Bryn Mawr College Special Collections.

ではなく、「家庭性」に関わるもの一切を徹底的に排除した。学生を家事労働から解放するため、寮生活においてもベッドメーキングや料理などは学生に一切やらせなかった。というのも、トマスが目指したブリンマー大学は、男性と全く同等に最高水準の学問を厳格に教育し、かつ研究させ、教師や研究者を育てる機関であったからである。トマスは、生物学の研究から学力・知性において男女による性差はないと証明されていると確信していた。(6) そして、入学の水準をハーバード大学（Harvard University）並みに厳しくして学生を厳選した。とりわけドイツの研究型大学の理念を受け継いだジョンズ・ホプキンス大学（Johns Hopkins University）のカリキュラムをモデルとし、大学院教育、とくに博士号を目指す研究者養成教育を重視した。同大学はボルティモアのクウェーカー教徒の実業家ジョンズ・ホプキンス（一七九五―一八七三）の遺産をもとに一八七六年に創立された私立大学であった。(7) トマスの父はジョンズ・ホプキンス大学の理事を務めていた。ブリンマーの創立者テイラーもホプキンスと同系統のクウェーカー教徒であり、ブリンマーの教師もジョンズ・ホプキンス大学の出身者が多かった。「女ジョンズ・ホプキンス」ということからブリンマーは「ジェーン・ホプキンス（Jane Hopkins）」という異名もとった。(8)

ブリンマー大学は、小規模ながら語学系七学科（英語、ギリシャ語、ラテン語、ドイツ語、フランス語、スペイン語、イタリア語）、人文社会系三学科（歴史政治経済、哲学、宗教史）、理系四学科（数学、生物学、化学、物理学）が一つのカレッジを構成していた。留意すべき点は、当時はアメリカでもまだ高等教育が女性の健康を蝕む危険があるとまことしやかに囁かれていた時代だったことである。科学への道に進む女性も少なかった。その意味で自然科学に力を入れたブリンマーの教育は全米でも先駆的であった。捨松と繁子が学んだヴァッサー大学はリベラル・アーツ（教養）教育を中心とするカレッジであったが、ブリンマーはその一歩先を行って、大学院教育を重視し高度な専門研究者の養成を目指していた。おそらく梅子は知らずに、そのただ中に飛び込んだのである。

とりわけ、ブリンマーの生物学科は全米の大学でも特筆すべき位置にあった。ここで、当時のアメリカの生物学の状況を概観しておきたい。アメリカで学問的・制度的に、生物学がアカデミックな専門分野として台頭したのも、実はブリンマー大学が胎動したのとほぼ同時期の一八七五年から一八九五年にかけてであった。(9) もともと医学部教育に付随していた生物学教育が独立し、専門学科としての生物学科が大学に登場し始めた。ジョンズ・ホプキンス大学がこの分野の初期の主要拠点であり、全米の大学への影響力は極めて大きかった。ウィリアム・ブルックス（William K. Brooks, 一八四八—一九〇八）、英国生まれの生理学者ヘンリー・マーティン（Henry Newell Martin, 一八四八—九三）が教え、その教育を受けた第二世代の生物学者がとくに重要な役割を演じた。学問内容においては、ジョンズ・ホプキンス大学出身の研究者、エドモンド・ウィルソン（Edmund Beecher Wilson, 一八五六—一九三九）、トマス・モーガン（Thomas Hunt Morgan, 一八六六—一九四五）、ロス・ハリソン（Ross Granville Harrison, 一八七〇—一九五九）、エドウィン・コンクリン（Edwin Grant Conklin, 一八六三—一九五二）らが実験動物学、とりわけ実験発生学の新潮流をつくっていた。(10)

実験発生学は、ドイツの動物学者ヴィルヘルム・ルー（Wilhelm Roux, 一八五〇—一九二四）の「発生力学」（独 Entwicklungmechanik; 英 developmental mechanics）に端を発する。生物学は従来「観察の学問」とされ、ありのままの自然を観察し、それをそのまま記述することで済まされてきたが、この新しい流れは、自然状態では一般に存在しない「異常事態」を生物に人工的に施して、そこで見られる様子の変化を解析するものである。いうなれば、受け身から能動的なスタンスのアプローチに変わった。例えば、発生初期の卵細胞に針などで傷をつけて、卵割の仕方がどう変化するかを調べ、そこから発生のメカニズムを探ろうとする研究である。そして、このパラダイムを作った世代が

図2・3　エドモンド・ウィルソン．1890年代．Bryn Mawr College Special Collections.

全米の主要大学に散らばり、生物学研究の普及と制度化に寄与したのである。

ブリンマー大学の生物学科もこの世代が築いて発展させたのである。一八八五年の大学創立時に設置された同学科は、女子大学としては初めて、また当時全米の大学でも数少ない独立した学科であった。突出した生物学のプログラム（課程）をもつ他の大学の生物学科の設置年を見ても、クラーク大学（Clark University）は一八八九年、コロンビア大学（Columbia University）は一八九一年、シカゴ大学（University of Chicago）は一八九二年と、ブリンマー大学より遅いのである。

ブリンマー大学生物学科の最初の教授陣は二名で、教授のウィルソン（図2・

3）と講師（associate）のフレデリック・リー（Frederick Schiller Lee, 一八五九―一九三九）であった。両者ともジョンズ・ホプキンス大学で博士号を取得し、ブリンマーの学部学生向けの最初の生物学カリキュラムを構築した。ブリンマーの生物学は、もともと初代学長のジェームズ・ローズ（James E. Rhodes, 一八二八―九五、任一八八四―九四）による医学課程進学のための準備教育としての生理学・保健学講座の設置構想に端を発したものであったが、ウィルソンはそれを独立した一般生物学の課程の創設に変更させることに成功した[11]（図2・4、図2・5、図2・6、図2・7）。それでも、生物学履修者はペンシルヴェニア女子医科大学（Woman's Medical College of Pennsylvania, 現ドレクセル大学 Drexel University 医学部）などの提携校への編入の便宜を計るという道は残された[12]。ちなみにこのペンシルヴェニア女子医大には、日本人女子医学留学生第一号といわれる岡見（西田）京《けい》子《こ》（一八五九―一九四一）が一八八五年に留学している。岡見は梅子より五歳上であり、一八八九年三月にこれもまた日本人女性として初めて医学博士の学位を取得し、梅子がブリンマー大学に入学したのと入れ違いに帰国している。岡見もモリス夫人と交流があった[13]。

ブルックスの弟子で細胞学の泰斗とされるウィルソンは、ジョンズ・ホプキンス大学のウィリアム・セジウィック（William Thompson Sedgwick, 一八五五―一九二一）と共著でアメリカ最初の生物学教科書『一般生物学入門』（一八八六）を出版したばかりであった[14]。ウィルソンとリーは一八九一年にコロンビア大学に生物学科が創設されたためそこに転任することになるが、ローズ学長とトマス学部長はこれを機にブリンマーの生物学科の教授陣の建て直しを計った。その結果、着任したのが

図2・4　テイラー・ホール．1890年代．キャンパスで最初に建てられた大きな建物．創立者ジョセフ・テイラーにちなんで命名された．石造りの3階建で時計台がそびえている．生物学科もこの中にあった．Bryn Mawr College Special Collections.

図2・5　生物学実験室（テイラー・ホール3階）．1886年撮影．後方に立っている男性がウィルソン教授（左）とリー講師．Bryn Mawr College Special Collections.

図2・6　生物学実験室（テイラー・ホール3階）．梅子がいた1890年頃の写真．Bryn Mawr College Special Collections.

図2・7　図書室（テイラー・ホール1階）．1890年頃．Bryn Mawr College Special Collections.

表2・1　ブリンマー大学生物学科の教授陣

**1889年秋〜1891年夏**

エドモンド・B・ウィルソン（ジョンズ・ホプキンス大学, Ph.D., 1881年）教授（生物学）

フレデリック・S・リー（ジョンズ・ホプキンス大学, Ph.D., 1885年）講師（生理学・組織学）

リー・ゴフ（ブリンマー大学, A. B., 1889年）実験デモンストレーター

**1891年秋〜1892年春**

トマス・H・モーガン（ジョンズ・ホプキンス大学, Ph.D., 1890年）准教授（生物学）

ジョセフ・W・ウォーレン（ボン大学, M. D., 1880年）准教授（生理学）

ジャック・ローブ（ストラスブルク大学, M. D., 1884年）講師（生理学・生理心理学）

アイダ・A・ケラー（チューリッヒ大学, Ph. D., 1890年）非常勤講師（植物学）

注：氏名の後の括弧内は卒業大学, 学位, 学位取得年. 職位の後の括弧内は職位に付けられた分野名称. Bryn Mawr College, *Bryn Mawr College Program*, 1890, 1891, 1892 より作成.

モーガン、ジョセフ・ウォーレン（Joseph W. Warren, 一八四九―一九一六）、ジャック・ローブ（Jacques Loeb, 一八五九―一九二四）の三人であった。モーガンは将来のノーベル生理学・医学賞受賞者であり、ドイツ生まれのローブは後にシカゴ大学、カリフォルニア大学（University of California）教授を歴任しアメリカにおける生理学の重鎮となる人物である[15]。このように、梅子の留学時のブリンマーでは、将来の学界をリードする気鋭の若手生物学者が教鞭を執っていた（表2・1参照）。

### ブリンマーの梅子

ブリンマー大学で当時毎年発行されていた『ブリンマー大学プログラム』（現在の学生便覧と講義要目を合わせたものにあたる冊子）には、毎年の学生の氏名と専攻の一覧が掲載されている。それによれば、梅子の専攻は最初の二年間（一八九〇年度と一八九一年

度）は「英語および歴史」、三年目（一八九二年度）が「生物学」と記載されている。けれども、梅子が生物学を専攻することに決めたのは、ブリンマー大学入学後比較的早い時期からであった可能性が高い。

そのことを検証するために、まず当時の科目履修の仕組みを確認しておきたい。ブリンマー大学の学部学生のプログラムは、ジョンズ・ホプキンス大学のシステムに倣って、マイナー科目（minor course）、メジャー科目（major course）、ポスト・メジャー科目（post-major course）の三つの科目群から構成されていた。ここで、マイナー、メジャー、ポスト・メジャーは、それぞれ初年度、二年度、および三年度の科目群を表す言葉である（ただし学年を表す言葉ではない）。生物学科についていえば、マイナーでは、生物学の総論的科目「一般生物学（General Biology）」の講義を週五コマおよびそれとセットになった実験を週六時間履修することになっている。生物学を専攻とする学生ならまずは必ず取っておかなければならない科目である。メジャー科目はその上の段階の科目で、動物学、形態学、比較解剖学、生理学、組織学といった各論的な専門科目（および実験）になっている。ポスト・メジャーでは、専門的な特別研究を行うことになっている。学部学生は四年間で、マイナー科目、メジャー科目を二つの異なる分野（例えば生物学と化学、生物学と物理学、生物学と歴史学）から履修し、その後、一分野（例えば生物学）のポスト・メジャーの履修に入ることが求められた[17]。このほかに、英語、哲学、歴史などのいわゆる一般教養科目の履修も義務づけられていた。

**表2・2**に留学時の梅子の成績表から履修科目一覧を示す[18]。この表から、梅子が生物学科のプログ

表2・2　津田梅子の受講科目（1889～1892年）

**1889年度秋学期（1889.10.1～1890.1.31）**

単位取得：一般生物学A（ウィルソン），一般生物学B（リー），生物学実験（ウィルソン），古代史

聴講：キリスト教倫理，論理学，聖書研究，政治経済

**1889年度春学期（1890.2.17～1890.5.23）**

単位取得：一般生物学A（ウィルソン），一般生物学B（リー），生物学実験（ウィルソン），化学実験（カイザー），古代史

聴講：無機化学（カイザー），体育，政治学

**1890年度秋学期（1890.9.30～1891.1.30）**

単位取得：一般動物学（ウィルソン），比較解剖学（リー），動物学実験（ウィルソン），現代史，英語，エッセイ

聴講：体育

**1890年度春学期**：休学

**1891年度秋学期（1891.9.20～1892.1.29）**

単位取得：ポスト・メジャー生物学（モーガン），ポスト・メジャー生物学（ローブ），メジャー生物学実験（ウォーレン），心理学，哲学，聖書史

聴講：メジャー生物学（ウォーレン），マイナー生物学A（モーガン），基礎ドイツ語，聖書史演習

**1891年度春学期（1892.2.15～1892.5.30）**

単位取得：ポスト・メジャー生物学（モーガン），ポスト・メジャー生物学（ローブ），ポスト・メジャー生物学実験（モーガン），政治学，聖書史，哲学

聴講：聖書史演習

注：括弧内は担当者名．聴講科目は聴講生（hearer）と記載されている科目のほか，受講したが期末試験を受験しなかったため単位取得しなかった科目（no examination taken）を含む．Bryn Mawr College Library Special Collectionsおよび津田梅子資料室所蔵の梅子の成績簿，Bryn Mawr College, *Bryn Mawr College Program*, 1890, 1891, 1892より作成．

ラムに沿って初年度の秋学期から「一般生物学A」(ウィルソン)、「一般生物学B」(リー)、「生物学実験」(ウィルソン)を、次の春学期にも同じく「一般生物学A」(ウィルソン)、「一般生物学B」(リー)、「生物学実験」(ウィルソン)のマイナー科目のカリキュラムを一年間きちんと履修していることがわかる。初年度には他の理系科目として「無機化学」(エドワード・カイザー)と「化学実験」(カイザー)を受講している。他にいくつかの文系科目もとっているが、正規に単位取得したのは「古代史」のみで、他は聴講生として出席している。二年目の秋学期からは「一般動物学」(ウィルソン)、「比較解剖学」(リー)、「動物学実験」(ウィルソン)などのメジャー科目の履修に入っている。これらのことは、梅子が当初専攻をとりあえず暫定的に「英語と歴史学」として登録したものの、実質的には生物学を専攻すべくかなり計画的に科目履修していたことを物語っている。

梅子が生物学を選んだ理由を直接示す文書は残っていないが、文脈から次のような要因が考えられる。まず、前章で吉川の梅子伝から引用したように、梅子はそれまでの英語教師としての自分に満足しておらず、学問を探究することにより自分の可能性を確かめてみたいという思いがあったことである。そのうえで考えられることは、梅子の自然科学への関心と資質である。梅子は「分析に長じ、推理に勝る」と周囲は述べている。前章で見たように、アーチャー・インスティテュートに在学時も数学や理科が得意科目であった。自然科学の中でもとくに生物学を選んだのは、一つには父津田仙の影響が考えられる。これも前章で述べた通り、仙は農学者であり生物学に近い仕事をしていた。また、姉のように慕っていた山川捨松がヴァッサー大学で生物学系の科目が好きだったことを梅子も直接捨松から聞き知っていたはずであり、そのことも梅子の判断に全く影響を与えなかったとはいえないであろう。さらに重要なこととして、上述のように、アメリカにおける生物学の高揚を背景にして発展期にあったブリンマー大学の生物学科の教育の充実ぶりをあげることができる。これはブリンマーに行ってみて初めて知ったことであったはずである。加えて、学部長トマスの勧めがあったことも想像に難くない。若き日には医師を志したこともあり、学問的厳格さに性差はないと強く考えていたフェミニストのトマスは、留学中の梅子（図2・8、図2・9）を学業・学資の両面で終始激励し、個人的にアドバイスを与えていた。

いずれにしても、明らかなことは、華族女学校の英語教授としての梅子の本来の留学目的である英語教授法から外れた分野である生物学を、入学後比較的早くから専攻する決意をしたことである。

この文脈に関連して特筆すべきことがある。[19] 華族女学校が創立された際、同校の教育のあり方について次のような明治天皇の「御親喩」（内意）が下されていたことである。以下、当該部分の原文を引用する。

御親喩
華族女学校ノ規則書一覧致シタルカ大概異存モ之レナク且内宮卿ヨリ急キノ由ニ付返シタリ然ル処猶考ルニ教課書ノ内ニ化学理学ノ部之レアル是レ全ク従来女子師範学校規則等ニ拠リテ設ケシ者ニテ女子人ノ家ニ嫁シ夫ニ事ヘ家ヲ治ムル其職務ニ急要ナラサル者ヲ学課ニ入レテ之ヲ教フル

図2・8　ガウンを着た梅子．1889年．入学して間もなく撮った写真と思われる．下の文字からワシントンD. C.の写真家（Geo. Prince）が撮影したことがわかる．Bryn Mawr College Special Collections.

図2・9　寮の学友アンナ・パワーズ（Anna Powers）の部屋でお茶を飲みながら読書する梅子（右）．1890年．この寮はメリオン・ホールの中にあった．Bryn Mawr College Special Collections.

ハ今度特更皇室附属トシテ新タニ設立セシ女学校ノ本意ニ非ス　凡ソ学課ノ結果ハ五七年ノ後ニ見ル可ク今ノ女子ヲシテ此課程ニ拠リテ進マシメ明治廿三四年ニ至リ専ラ化学理学ノミニ長シテ人ノ婦トナリ人ノ家ヲ治ムルニハ切実ナラサル高尚ノ兆ヲ顕ハスノ日ニ至ラハ之ヲ如何共ナスヘカラス　予備士官学校ノ如キ忽チ興シ忽チ廃スルカ如キ皆其始メニ慮ルノ至ラサル所ナリ今更誰ヲカ咎メンヤ故ニ女子ノ学課ハ通常和漢洋ノ学規ニ裁縫ノ実技ヲ加ヘ化理学ノ如キハ其才ノ長シテ自ラ好ム者ヲ択ヒ院長教員ノ見込ヲ以テ之ヲ学ハシメテ足ルヘク皇后ノ思召ヲ以テ設クルトアレハ朕カ強テ異見ヲ云フニ非サレトモ此旨宮内卿学習院長ニ汝ヨリ

談シ合両人ノ考案ニ付スヘシ[20]

要するに、華族の女子は、いずれ他の家に嫁ぎ夫につかえ家をおさめる立場にあるのだから、それに見合った実用の学科（和漢洋の学や裁縫）の教育を行うべしとされた。そして、「高尚」な学問に決して重きをおいてはならない、とする。とりわけ、自然科学（「化学理学」）は華族の女子教育の本分ではないので、こうした教育は控えるようにという注意書きが明記されているのである。女子教育は男子教育と違うべきであり、そのことを心して教育を行えというものである。当時、最高の権威者たる天皇から下される「勅諭」の拘束力は極めて大きかったはずである[21]。梅子がそれを知らなかったはずはない。その華族女学校から在官のまま派遣された梅子が、ブリンマー大学というアメリカでも最も先進的な女子大学に留学し、かつそこでいわば「禁断の」自然科学を専攻したことは、この勅諭の対極を行くものであった。この選択こそ梅子の生き方を象徴しているように思われる。

梅子はブリンマーで一年半勉学した後、「一学期間」（半年）はオンタリオ湖畔にあるオスウィーゴー師範学校等で勉強をしたことになっている。「願書」にある本来の留学目的であった教授法を最後の一学期間で済ませようとしたのである。より正確にいえば、オスウィーゴー滞在そのものは実質六週間、つまり一カ月半であった可能性が高い。残りは他大学、小学校などの見学にあてた。そのことは、梅子が帰国後に行ったと思われる講演の原稿に次のように記されていることから裏づけられる。

私はアメリカで二年半はブリンマー女子大学におりまして、半年は初歩の学校を参観して歩きました。ハーバード大学女子部、ウェルズリー女子大学も参り、また小学校なども見て参りまして、教育の方法なども見ました。私はまた合衆国の東の方にあります有名なるオスウィーゴー師範学校に六週間滞在いたしましたこともありました。[22]

ニューヨーク州立大学オスウィーゴー校の特別コレクションに保存されているオスウィーゴー師範学校の資料には、一八九一年二月上旬から始まり六月末に終わる春学期に梅子が"Elementary B"という小学校教育の授業法に関するプログラムを受講したという手書きの記録が残っている。だが他の学生とは異なり、梅子に関しては単位取得の記載がなく、全期間を受講したわけではなかったことを伺わせる。[23]

ブリンマーを発つ前、リーは梅子のためにブリンマーでの勉学内容を保証する手紙を書いた。そこには次のように記されている。

津田梅嬢はブリンマー大学で一年半生物学の勉強をしました。初年度のマイナー科目はE・B・ウィルソン教授と私が行う週五コマの講義と六時間の実験からなっています。生物学全般の法則やさまざまな動植物相互の形態学的・生理学的関係についての知識を得るため、一連の動植物について解剖学的・生理学的な学習が細心に行われました。二年度のメジャー科目を、津田嬢は半年受講しました。彼女は週二コマの私の脊椎動物の比較解剖についての講義と実験を履修しました。これらはマイナー科目よりはるかに特別の脊椎動物の研究です。私の科目のすべてにおいて津田嬢は、真面目さ、成熟さ、特筆すべき知性と科学的才能を発揮しました。それは彼女にとって誇るべきことです。私は彼女がここに留まりメジャーの生物学の勉学を続けられないことを残念に思います。(24)

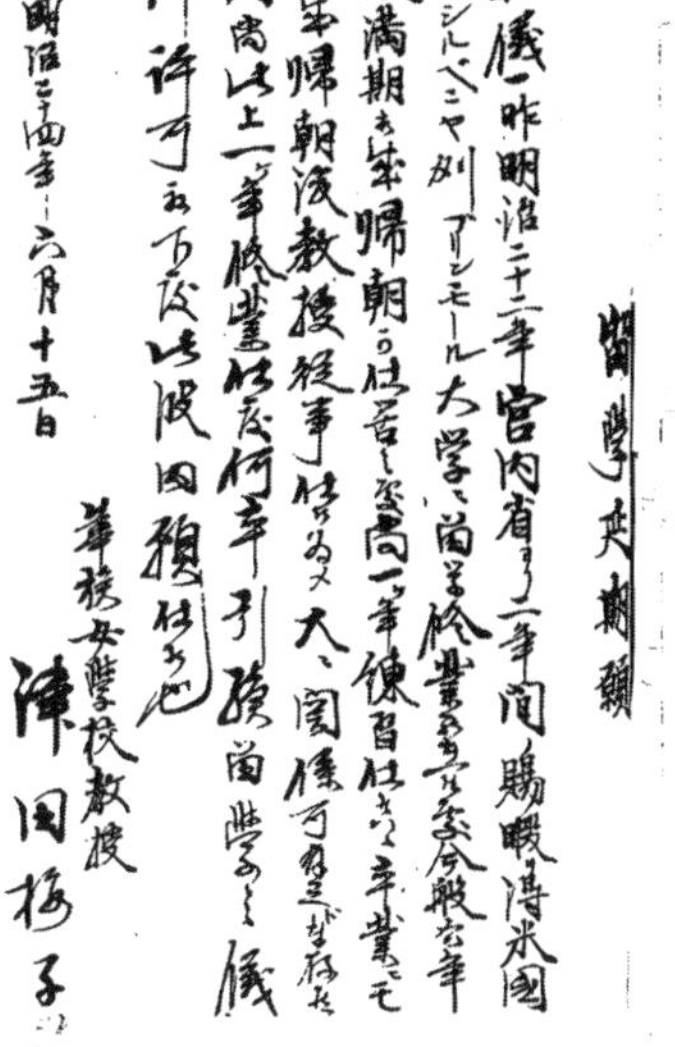

留学延期願

私儀一昨明治二十二年宮内省ヨリ二年間賜暇渡米国
ペンシルベニヤ州ブリンモール大学ニ留学修業罷在候処今般右年
限満期ニ付帰朝ノ仕合ニ候処尚一ケ年練習仕候ハヽ卒業ニモ
相成帰朝後教授ノ従事ニ付テモ大ニ関係可有之ト存候ニ付
間尚此上一ケ年修業仕度何卒引続留学之儀
御許可被下度此段御願仕候也

明治二十四年六月十五日

華族女学校教授
津田梅子

図2・10　梅子の「留学延期願」. 明治24年6月15日,『内事課進退録明治24年』. 宮内庁宮内公文書館所蔵.

約束の二年間の留学期間が満了する直前の六月、梅子は一年間の滞在延長の願いを華族女学校に申し出た。宮内庁宮内公文書館に保管されている梅子の留学延長願書（明治二四年六月一五日付）には、ブリンマー大学であと一カ年勉学すれば「卒業」できること、帰朝後の華族女学校での教育に従事するうえでそれは大いに関係することなので延長させて頂きたいという旨が書かれている（図2・10）(25)。ブリンマー大学で実際に何を勉学しているのかはここには記されていない。ブリンマー大学では通常卒業に四年かかるので、「卒業」という言葉は方便であろう。しかし、梅子はあと一年間いれば生物学専攻のために必要なメジャーの専門科目のほとんどを履修できるという見通しをもっていたと思われる。結局、延長願いは認められ、その条件として新たに「留学中女子教育上取調之儀」、すなわちアメリカの「女子教育の調査」という表向きの義務が課せられた。今度は給与付き留学ではなく、「非職」（休職）の身分となり一年間分の手当として三〇〇円が支給された。[26] こうして梅子は首尾よくブリンマーに復学し、生物学の研鑽にさらに邁進することができたのであった。

### 第二章　注

（1）特別生（special student）の定義については、Bryn Mawr College, *Bryn Mawr College Program* (1890), p. 16参照。吉川『津田梅子伝』一七四頁では「選科生」という言葉が使われている。

（2）吉川『津田梅子伝』「自序」および一七四―一七五頁。

（3）坂本辰朗「津田梅子と女性の高等教育第一世代たち――十九世紀末のアメリカ合衆国における女性の高等教育支援運動」飯野ほか（編）『津田梅子を支えた人びと』二七―四七頁所収を参照。また高橋『津田梅子の社会史』五六頁および一八二頁参照。

（4）Helen L. Horowitz, *The Power and Passion of M. Carey Thomas* (Urbana and Chicago: University of Illinois Press, 1999); 高橋『津田梅子の社会史』第六章参照。

（5）一九世紀後半から二〇世紀初めにかけてのアメリカの家政学運動については、ローラ・シャピロ（種田幸子訳）『家政学の間違い』（晶文社、一九九一）、今井光映（編）『アメリカ家政学前史――ビーチャーからリチャーズへドメスティック・フェミニストの思想』（光生館、一九九二）、竹俣初美「家政学運動と女性の家庭的役割――アメリカ女性史の視点から」『アメリカ研究』二四号（一九九〇）一四三―一六二頁参照。

（6）この考えは、後年トマスが来日した際に女子英学塾で行った講演（一九一五年七月八日）の中でも表明している。Carey Thomas, "Address given by President Thomas of Bryn Mawr College, July 8, 1915," 津田塾大学津田梅子資料室。

（7）古川安『科学の社会史――ルネサンスから二〇世紀まで』（ちくま学芸文庫、二〇一八）二二六―二二八頁。

（8）ブリンマー大学の創立理念と初期の歴史については、Cornelia Meigs, *What Makes a College? A History of Bryn Mawr* (New York: The Macmillan Company, 1956); Robert Kohler, "The Ph. D. Machines: Building on the Collegiate Base," *Isis*, vol. 81 (1990): 638-662, 高橋『津田梅子の社会史』第六章参照。

（9）Philip J. Pauly, "The Appearance of Academic Biology in Late Nineteenth Century America," *Journal of the History of Biology*, vol. 17, no. 3 (1984): 367-397; *idem.*, *Controlling Life: Jacques Loeb and The Engineering Ideal in Biology* (New York and Oxford: Oxford University Press, 1987), p. 56; Kohler, "The Ph. D. Machines."

（10）この時代のアメリカ生物学については次の文献を参照。Jane Maienschein, *Transforming Traditions in American Biology, 1880-1915* (Baltimore and London: Johns Hopkins University Press, 1991); Ronald Rainger, Keith R. Benson, and Jane Maienschein, eds., *The American Development of Biology* (New Brunswick and London: Rutgers University Press, 1988); Jane M. Oppenheimer, *Essays in the History of Embryology and Biology* (Cambridge: The MIT Press, 1967); 溝口元「アメリカ発生学成立の一側面――『細胞系統』研究を中心に」『生物学史研究』三八号（一九八一）一一―二二頁。なお、進化論が当時の生物学において中心的テーマであったかのように書かれることがあるが、必ずしも妥当ではない。

（11）Pauly, *Controlling Life*, pp. 56-58, 61-62; *idem.*, "The Appearance of Academic Biology in Late Nineteenth Century America," p. 382.

（12）Bryn Mawr College, *Bryn Mawr College Program* (1890), p. 28.

（13）岡見京子は帰国後、東京慈恵医院に勤務した後、頌栄女子学院の教頭を務めた。岡見については、長門谷洋治

「岡見京子——女子医学留学生第一号」『日本医事新報』一八〇七号（一九五八）四九—五四頁、堀田国元『ディスカバー岡見京』（自費出版、二〇一六）参照。

(14) William T. Sedgwick and Edmund B. Wilson, *An Introduction to General Biology* (New York: Henry Holt, 1886). ウィルソンについては、H. J. Muller, "Edmund B. Wilson — An Appreciation," *The American Naturalist*, vol. LXXVII（1943）: 5-37 and 142-172; Thomas H. Morgan, "Edmund Beecher Wilson," *National Academy of Sciences Biographical Memoirs*, vol. XXI（1940）: 315-342; Gerland E. Allen, "Wilson, Edmund Beecher," *Dictionary of Scientific Biography*, vol. XIV（New York: Scribner, 1970）, pp. 423-436 参照。

(15) Pauly, *Controlling Life*.

(16) Bryn Mawr College, *Bryn Mawr College Program*（1890）: p. 9; *ibid.*（1891）: p. 10; *ibid.*（1892）: p. 16.

(17) *Ibid.*（1890）: pp. 15, 25-29.

(18) "Bryn Mawr College Record of Ume Tsuda," 津田梅子資料室、および "Transcript of Umé Tsuda," Folder 12JF, Bryn Mawr College Library Special Collections.

(19) この点を最初に指摘したのは、高橋『津田梅子の社会史』一三五—一三七頁。

(20) 「華族女学校学科ニ付御親喩」「元田永孚手記」（元田男爵家文書十七）明治一八年七月二五日、宮内庁宮内公文書館。海後宗臣『海後宗臣著作集　第十巻　教育勅語成立史研究』（東京書籍、一九八一）一八五—一八六頁に引用。

(21) 千住克己によれば、明治一〇年代の国民教育の方向形成に明治天皇の意志の占める度合はかなりのものであり、元田永孚（教育勅語の草案作成者）の助言もあったが、「女性従属主義的女子教育観が、最高の権威者かつ権力者によって表明されていることは、明治時代における天皇の重さを考慮に入れることによってなお一層重要な意味をもつものとして留意しておかねばなるまい」、千住克己「明治期女子教育の諸問題——官公立を中心として」日本女子大学女子教育研究所（編）『明治の女子教育』（国土社、一九六七）八—四一頁、引用は二六頁。

(22) 津田梅子、無題、日付なしのローマ字書きの手書き原稿（六枚綴）、津田梅子資料室所蔵。帰国後、日本の教員にアメリカの経験などを話すために書いた原稿と思われる。

(23) "Summary of Reports of the Superintendents and Teachers for the term ending June 30, 1891," *Grade Reports 7/1889-7/1895*, 17/1/5, Special Collections, New York State University, Oswego.

(24) Frederic Lee の書簡、一八九一年二月二七日付、津田梅子資料室。同複写 Bryn Mawr College Library Special Collections.

(25) 津田梅子、土方久元宛「留学延期願」(明治二四年六月一五日付)、および西村茂樹、土方久元宛「第四十号」(明治二四年六月一五日付)『内事課進退録　明治二四年』宮内庁宮内公文書館。

(26) 華族女学校幹事北沢正誠、華族女学校長宛(明治二四年六月二二日付)『華族女学校進退録　自明治十八年至同三十年』、学習院アーカイブズ。

# 第三章　生物学者への道

いまの日本の婦人には、学者というような人もいない。婦人にそういう素質があるか、わたしに思い切った研究が出来るか、また学者になることが私の使命であるか——そういうことは、今のわたしにはわからない。しかし多かれ少かれ、持って生れた天分を伸して見たい。女なるが故に学問をしてはならぬというはずはあるまい。

——吉川利一『津田梅子伝』一九五六年

モーガンは津田嬢について彼らしい言い方で、彼女があのような業績をあげ名声を勝ち得たのは、生物学と完全に縁を切ったからだ、と断言した。

——Taku Komai "T. H. Morgan's Times," 一九六七年

留学の延長を認められた津田梅子は、さらなる生物学の勉学に邁進する。ブリンマー大学に着任したばかりの新進気鋭の生物学者から指導を受け、梅子は学生から研究者へと鍛えられていった。学内の信頼を勝ち得た梅子は、やがて来る留学の期限を前に苦悩する。本章では、こうした梅子の心の内面にも分け入りながら、留学生活の後期、そして帰国後の梅子の生物学との関わり、その後の梅子の

図3・1　ウッズホール臨海生物学実験所の施設．1890年頃．Woods Hole Marine Biological Laboratory Archives.

キャリアにおける留学体験の意味を考察する。

## ウッズホールの夏

梅子は一八九一年七月から八月にかけて、マサチューセッツ州の大西洋に面するコッド岬（Cape Cod）にあるウッズホール臨海生物学実験所（Woods Hole Marine Biological Laboratory）で行われた夏期コースに参加した。梅子がどのような交通手段でウッズホールに行ったかは不明であるが、当時、ボストンからは汽車で少なくとも二時間、ニューヨークからは航路で一五時間ほどかかる距離であった[1]。

同実験所は一八八八年に開設されたばかりで（図3・1）、チャールズ・ホイットマン（Charles Otis Whitman, 一八四二—一九一〇）が所長を務めていた。ホイットマンはお雇い外国人教師として、東京大学動物学科の初代教授エドワード・モース（Edward Sylvester Morse, 一八三八—一九二五）の推薦で、その後任とし

図3・2　1891 年の夏期コースの教授陣と学生の一部．梅子はこの写真に入っていない．最前列右寄りの帽子を手に持って座る男性が渡瀬庄三郎，左寄りの白い上着で右側を向いて座る髭の人物がモーガン．写真のほぼ中央白髪の年配男性が所長のホイットマン，その左斜め後ろ（白い服）がアイダ・ハイド．ホイットマンの右側（白い服）がブリンマー大学生のアン・エヴァンス．Woods Hole Marine Biological Laboratory Archives.

て来日し教授（任一八七九―八一）を務めた経歴の持ち主であった。当時、クラーク大学教授も兼任していた。そして一九〇八年に辞任するまでの二〇年間、ウッズホール臨海生物学実験所の所長を務め、同所を名実ともに世界的な海洋生物学研究のセンターに発展させた。同所はボストンの婦人教育協会（Women's Education Association）の資金援助と要請を受け、当時としては珍しく、女性の学生、研究者、中等学校教員に対しても、研究・教育の門戸を広げていた[2]。

　この年の夏期コースは開所以来第四回になり、参加学生は計四四人で、うち約半数を女性が占めていた（図3・2）。同所の報告書には梅子の名も記載されている。梅子は他の二人のブリンマー大学学生、アン・エヴァンス（Anne Evans）、エリザベス・クック（Elizabeth Cooke）とともに、大学から選ばれて参加した。[3] 七週間にわたり学者たちによる動物学と植物学の各種の講義、および試料採集や顕微鏡を使った実習が行われた。講義は朝と晩にあり、日中に実習が行われた（図3・3、図3・4）。生物学研究者を志す学生にとって極めて有益な実地体験となるコースである。この年のコースでは、ウィルソンとモーガンも講義を行っている。梅子はその秋からブリンマー大学に着任することが決まっていたモーガンとここで初めて会ったと思われる。また、渡瀬庄三郎（一八六二―一九二九）も講師として講義をしたので、梅子はこの同年代の日本人動物学者と心ゆくまで話をしたに違いない。渡瀬は一八八六年にジョンズ・ホプキンス大学院に留学し、一八九〇年に論文「節足動物複眼の形態学について」で博士号を取得した。モーガンとは同大学で机を並べた仲である。当時はクラーク大学助手であり、後にシカゴ大学助教授を経て、一九〇一年に東京帝国大学理科大学生物学科動物学教室の教授に就任する。[4]

ウッズホールの臨海実験所は、米国における生物学の進展に最も影響を与えた拠点の一つといわれる。これまで、ここでの研究・教育に関わった三〇人以上がノーベル賞を受賞している。日本人に関していえば、例えば一九〇二年、一九〇七年、一九一六年の夏、ロックフェラー研究所所員であった野口英世（一八七六―一九二八）も滞在し蛇毒の研究をしている。また、一九三〇年代には団勝磨（一九〇四―一九九六）がしばしばここに滞在した。現在まで約一八〇人の日本人研究者がここに滞在したといわれるが、渡瀬は前年の夏期コースにも参加しているので、梅子は二番目にウッズホールに赴

図3・3　ウッズホール臨海生物学実験所の夏期コースの実習をする女子学生たち．この写真は1895年の試料採集の様子であるが，梅子らもこのように実習したものと見られる．Woods Hole Marine Biological Laboratory Archives.

図3・4　実習風景．1896年．Woods Hole Marine Biological Laboratory Archives.

いた日本人であった[5]。

## モーガンとの研究

ひと夏の鮮烈な体験を終えて、その年の秋学期に梅子はブリンマーに復学した。その学期から梅子を指導することになるモーガンは、渡瀬と同じく一八九〇年にジョンズ・ホプキンス大学で博士号を取得したばかりで、弱冠二五歳、梅子より二歳下の新進気鋭の動物学者であった（図3・5、図3・6）。彼はコロンビア大学に引き抜かれたウィルソンの後任として、ウィルソン自身の強い推薦で准教授として招聘されていた。それから四〇年以上経った一九三三年に突然変異の研究でノーベル生理学・医学賞を受賞することになる。だが、彼が遺伝学にシフトするのは、ウィルソンの招きでコロンビア大学に移って以降のことであり、ブリンマー大学時代（一八九一―一九〇四）はもっぱら発生学の研究をしていた。梅子と共同で研究した時は、新潮流の実験発生学の研究を開始したばかりの時期であった。ウミグモの発生に関する学位論文の研究以来、ギボジムシ、数種の魚、ヒトデ、ウニなどの発生の研究を手がけていた[6]。

モーガンはブリンマー大学在職の一三年間に四〇人以上の学生の研究を指導するが、梅子はモーガンが研究を指導した最初の学生であった[7]。ブリンマーにおけるモーガンの研究教育活動を論文にした発生学者・科学史家ジェーン・オッペンハイマー（Jane M. Oppenheimer, 一九一一―一九九六）は、「彼は明らかに若い女子学生たちの知性と能力に敬意を払い、彼女たちが真の科学者として成長するよう

図3・5　トマス・H・モーガン．梅子が研究の指導を受けた1891年当時の写真．Woods Hole Marine Biological Laboratory Archives.

図3・6　ブリンマー大学のキャンパスのモーガン（右側）．1898年．Bryn Mawr College Special Collections.

しっかりと激励した」と述べている。[8] モーガンは梅子をすぐに気に入ったと思われる。後にモーガンが駒井卓《たく》（一八八六―一九七二、コロンビア大学でモーガンに師事した遺伝学者、後に京都大学教授）に語ったところによれば、梅子は「実に出来のよい学生で英語はもちろん米国の女学生と少しも違わないほど巧みであった」と褒めたという。[9]

秋学期に梅子はモーガンの「ポスト・メジャー生物学」を取った。これは、優秀な能力をもつと見なされる学生のみ履修できる特別研究の一つであり、今日の卒業研究にあたるものといえる。梅子に与えられたテーマは、アカガエルの卵を材料に使って、その卵割の様子を観察するものであった。扱いやすいカエルの卵を材料にする実験発生学的研究は、当時ドイツでも行われていた。

翌一八九二年の春、梅子は結果をまとめてモーガンに提出した。[10] この研究は、同年の学長の理事会への年次報告書にも記載されるほど注目された。そこには「津田嬢のカエルの卵の軸定位に関する研究は、その優れた点で特筆に値する」と書かれている。[11] それは梅子が帰国した二年後の一八九四年、モーガンとの共著論文「カエルの卵の定位（The Orientation of the Frog's Egg）」としてイギリスの雑誌 *Quarterly Journal of Microscopical Science* に掲載されることになる[12]（図3・7、図3・8）。モーガンは生涯を通して一七〇編以上の論文を書くが、この論文は彼の最初の共著論文であった。これまで、外国の学術雑誌に最初に論文を発表した日本人女性は保井コノ（一八八〇―一九七一）であるとしばしば書かれているが、それは正しくない。保井が初めてイギリスの *Annals of Botany* に論文発表したのは一九一一年であり、梅子の論文より一七年も後のことである。[13] 日本人女性として自然科学

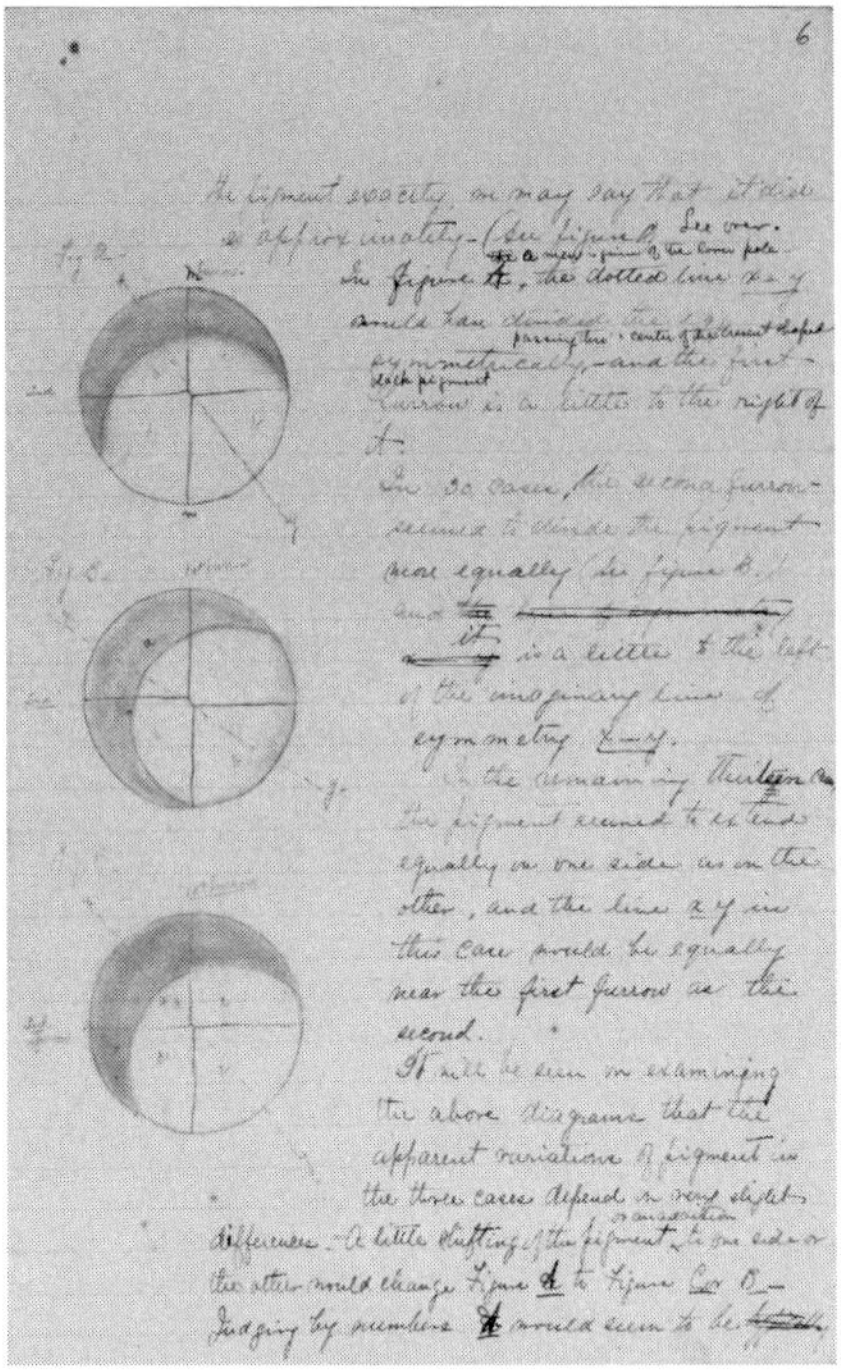

図3・7　**梅子の論文原稿.** 津田塾大学津田梅子資料室所蔵.

の研究論文を外国の学術誌に載せたのは梅子が最初であろう。

論文が出版された一八九四（明治二七）年の『女学雑誌』（七月刊）には「津田梅嬢の生物学上の発見」と題する短い報告記事が掲載されている。そこにはこう書かれている。

此の試験［実験］は、女史がブリンモア女子大学にありし此よりの研究にして、当時及び終末に於てモルガン博士の助力とありしが、最初の発見は女子の力に成れり。此の試験は、独逸の学者ブルーエル［フリュー

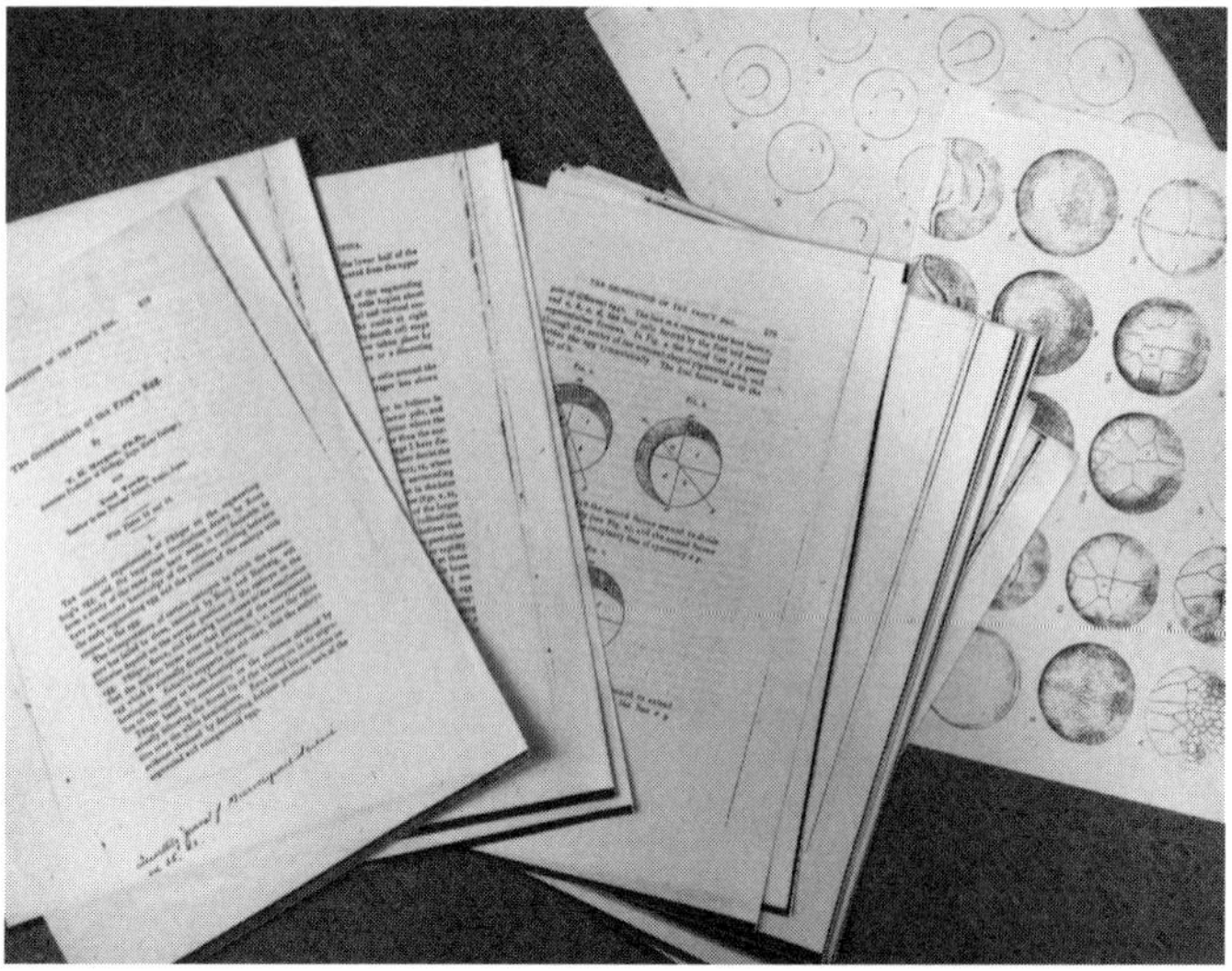

図3・8　モーガンとの共著論文 “The Orientation of the Frog's Egg”（1894）．
著者撮影．

ガー」、ルー等の着手もありしが、遂に女史の手をかりて成功し此の学問上に有益なる一の発見を、日本婦人の力にて成就したり[14]。

この報告の情報提供者は『女学雑誌』にたびたび寄稿している梅子自身と思われる。そうであれば、文面からこの研究における梅子の自負心を窺い知ることができる。

論文は、冒頭にモーガンのイントロダクション、前半が梅子の研究「正常発生と原口の位置」、後半がモーガンの研究「初期胚の一定の部位を傷つけることにより得た結果」「人工的に異常発生させた胚から得た結果」、そして最後にモーガンの結論からなっている。すなわち、実験発生学の手法による正常発生と異常発生の比較研究である。後半のモーガン自身による異常発生の実験は梅子の帰国後の一八九三年春に行われ、すでに完了していた梅子の正常発生の研究と統合された。カエルの胚の形成位置をめぐる論争（胚は色素顆粒の多い黒半球に形成されるという説と、白半球に形成されるという説の論争）において、彼らの結果がルーをはじめとする先行研究とどう違うかということが議論されている。だがより本質的な議論は、生物学者の中沢信午（一九一八―二〇〇二）が指摘するように、カエルの卵割における胚の最初の分裂面が、後に発育してくる胚の左右の中央を貫く正中面に相当することを確かめて、オタマジャクシの体の左と右は卵の第一分割のときにすでに決定されているという点にある[15]。

この論文は、モーガンの生物学における膨大で華々しい業績の中で、必ずしも目立った存在ではない。それでも初期の実験発生学における大事な論文の一つであったことは、一八九七年にモーガンがそれまでの一連の研究をまとめた『カエルの卵の発生――実験発生学入門』と題する本の中でこの論文について言及していることからもわかる[16]。

梅子が聡明で、有能で、勤勉な学生であったことはブリンマーの教授陣の誰もが認めている。普通のアメリカ人の学生たちより年上でしっかりしており、彼らからも一目置かれていた。表3・1は当時の生物学科の科目履修者数の推移であるが、モーガンらの新教授陣を迎えた一八九一年度（一八九一年秋学期～一八九二年春学期）以降、マイナー科目の履修者が増加していることがわかる。そうした状況に対処するため、梅子は手先の器用さも買われ、最後の一年はアイダ・ハイド（Ida Henrietta Hyde, 一八五七―一九四五）（図3・9）とともに学生助手（student-assistant in the Biological Labo-

表3・1　ブリンマー大学生物学科の科目履修者数の推移

| 年度 | 1888-1889 | 1889-1890 | 1890-1891 | 1891-1892 | 1892-1893 |
|---|---|---|---|---|---|
| 学部学生（延べ数） | 23 | 33 | 26 | 37 | 38 |
| ［内訳］ | | | | | |
| マイナー科目 | 16 | 20 | 17 | 27 | 30 |
| メジャー科目 | 3 | 6 | 9 | 8 | 5 |
| ポスト・メジャー科目 | 4 | 7 | 0 | 2 | 3 |
| 大学院生 | 3 | 3 | 2 | 8 | 4 |
| 計（延べ数） | 26 | 36 | 28 | 45 | 42 |
| 計（実数） | 24 | 29 | 29 | 45 | 42 |

注：Bryn Mawr College, *The President's Report to the Board of Trustees*, 1889, 1890, 1891, 1892, 1893 より作成．重複履修者を含むため延べ数と実数に違いがある．

ratory）に採用され、マイナー科目の「一般生物学A」（秋学期、モーガン、ローブ、ゴフの担当科目）および「一般生物学B」（春学期、ウォーレン、ローブ、ケラーの担当科目）とセットとなっている実験授業で他の学生たちを指導した[17]（図3・10）。

ハイドはコーネル大学（Cornell University）を卒業した一八九一年夏に梅子とともにウッズホール臨海実験所の夏期コースに参加している。その直後にブリンマー大学に助手として勤務し、一八九六年ドイツのハイデルベルク大学で生理学の博士号を取得した。ブリンマー時代はローブの助手を務めた。ハーバード大学医学部で女性として初めて研究し、後にカンザス大学（University of Kansas）教授になった。当時のアメリカでも科学界はまだ男性が支配する世界であり、ハイドは苦労しながら研究した初期の女性科学者の典型として今日広く知られている。自伝的エッセイ「女性が人間になる前のこと——暗黒時代からきたある女性」には苦労談がよく描かれている[18]。後年来日した際に女子英学塾を訪問しており、梅子の日本における女性教育の向上への貢献を高く評価した[19]。

図3・9　ブリンマー大学で梅子とともに学生実験の助手を務めたアイダ・ハイド.

図3・10　ブリンマー大学時代の梅子．24歳．
津田塾大学津田梅子資料室所蔵.

葛藤と帰国

梅子の成績表から判明することは、梅子が当時全米の大学でも先端を行く生物学のカリキュラムのほとんどの教科を優秀な成績をおさめて履修したという事実である。[20] しかもそれは、通常の学部生以上に生物学を深く学ぶ履修のしかたであった（第五章参照）。帰国を前にして、梅子は大学に残って研究を続けるよう勧められた。梅子の才能をモーガンら生物学科の教授陣から聞き知っていた学部長トマスの働きかけによるものと思われる。これは正規学部生に編入したあと大学院生として残ることを意味した。ブリンマーは全米で女子学生のために初めて奨学金制度（fellowship）を設けた大学である。このまま残れば、奨学生となりモーガンのもとでの博士号取得も眼前であったであろう。

しかし、悩み抜いた末、梅子はこれを辞退した。学友であり、その後来日して梅子の英学塾を支えたアナ・ハーツホン（Anna Cope Hartshorne, 一八六〇―一九五七）の覚書によれば、ブリンマー大学の関係者はこの返事を聞いて「驚き、にわかに信じられないという反応を示し、そのあとで憤慨した」という。とりわけトマス学部長は「恩知らずで、真の学問研究への可能性を理解しない梅子を許すことはなかったと思います」と書いている。ハーツホンも、この判断は梅子にとって生涯唯一の「近視眼的」な判断だったと言う。[21] なぜなら、それは当時としてはアメリカ人でも滅多にない魅力的なオファーであったからである。モーガンがその後、発生学から遺伝学へ移り、その研究拠点であるブリンマー大学、コロンビア大学、カリフォルニア工科大学（California Institute of Technology）で華々しく活躍し、多くの優秀な弟子を育て上げたことを考え合わせても、このオファーは梅子の将来の研究経歴においても千載一遇のチャンスであったに違いない。ブリンマーの教授たちは梅子の研究者としての才能を絶賛し、もしそのまま研究を続けていたら、科学界で大きな成功をしただろうと言っていたと、ハーツホンは書いている。[22]

学位取得という観点から見ても、彼我の差は大きかった。保井コノが、日本初の女性理学博士（東京帝国大学・生物学）になるのは、それから三〇年以上も経った一九二七（昭和二）年のことである。梅子の弟子の中西文子は、「其後もし先生が其儘学者として立たれたならば、保井この子先生の前に、日本に女の理学博士があったであろう」と書いているが、その通りであろう。[23]

当然、梅子自身に迷いはあった。吉川利一の梅子伝はこう書いている。

［ブリンマーで］時には生物学の実験に、身も心も吸込まれたかとさえ見受けられた。けれどもその時ですら、梅子は将来科学者として世に立たうとの決心はつかなかった。そこに梅子のなやみがあった。英語の教師で一生をおわる気はもとよりない。さればといって生物学者として世に立つこともむずかしかろう。境遇もまた許されない。[24]

トマスやハーツホン、モーガンらアメリカ人には理解し難かった梅子の判断は、この時代の日本人官費留学生としての梅子の立場から考える必要がある。そもそも梅子の留学目的は、表向きではあれ英語教育での教授法の習得であった。それを日本の女子教育、当面は華族女学校での英語教育に役立てることであった。在官留学であり、無理を押して一年の延長まで認めてもらった。梅子には帰国したら奉職しなければならないという義務感があった。女学校側もそれを当然のこととして対応していた。国費で二度、計一四年間、留学させてもらったうえで米国に残り好きな学問をさらに続けるような個人主義的な行為は梅子のモラルが許さなかった。女性として稀有な海外留学の機会を政府から与えられた梅子は明治エリートの一員であり、それゆえに、国家という縛りから逃れることができなかった。国家の「近代化」に貢献するということが自らに課せられた役割であるという認識を梅子は生涯もっていた。

また、梅子がどれだけ熟知していたかは定かでないが、仮に帰国して生物学を続けるにしてもそれを職業とすることは不可能に近かった。当時の日本の状況は女性が科学者として生きる道はほとんど閉ざされていた。帝国大学は久しく男子校であった。東北帝国大学が帝国大学として初めて三名の女性、丹下ウメ(一八七三—一九五五、化学)、黒田チカ(一八八四—一九六八、化学)、金山(牧田)らく(一八八八—一九七七、数学)の入学を認めたのは、梅子がブリンマーに入学してから四半世紀近くも経った一九一三(大正二)年のことである[25]。梅子の帰国時は、女性にとって科学研究者のポストは皆無といってよかった(エピローグ参照)。

科学者への道のほかに、梅子の心の中にはもう一つの大きな選択肢があった。帰国したら華族女学校のような官立校ではなく、女子の高等教育を目的とする私塾をつくろうという計画を留学中から暖めていたのである。私塾での教育を通して日本の女性を無知から解放し、女性の地位向上のために尽くしたいという使命感が芽生えていた。

梅子の留学期限は一八九二（明治二五）年の春学期が終わる五月であったが、父の仙が華族女学校にさらに三カ月の帰国延長を願い出て認められた[26]。モリス夫人の後押しを受けて、残りの滞在期間を日本女性のためのアメリカ女性による奨学金の募金活動にあてた。そして八月一二日に帰国し、九月から華族女学校に復職した。この時二八歳だった。

帰国後、梅子はアメリカで生物学を学んだことを公の場であまり語ろうとしなかった。ただし、その後も梅子が生物学への関心をもちつづけていたことは、津田塾大学津田梅子資料室に保存されているモーガンとの間に取り交わされた数通の書簡から読みとることができる。一八九三（明治二六）年七月、モーガンへ宛てた梅子の手紙には概略こう書かれている。生物学やウッズホールをなつかしく思います。私は生物学への関心をなくしたわけではなく、日本に帰った今でも自分なりに研究をつづけているのです。カエルの卵を保存し、その発生の観察をつづけています。胚の観察で、後期の分裂の様子が通常と違ったものが見つかり、帝国大学のミツクリ教授に相談しています。ミツクリ先生もこれまで見たどの両生類とも様子が異なるといっています。自分は今は他のことに忙しいため、この研究を続けられないので、先生に材料を送りますから、それを見て欲しいのです、そして先生のご意見をくださ い、とある[27]。

一八九三（明治二六）年一〇月のモーガンから梅子への返書には、梅子から材料が良い状態で届いたこと、非常に発展性のある研究なので、来春も、卵割、胚の形成を観察するよう勧める、またブリ

図3・11　**箕作佳吉**.『動物学雑誌』22巻・256号（1910）箕作博士記念号，扉頁より．

ンマー大学の生物学科は発展を続けている、将来戻って来ないか、ということが書かれている[28]。この年、キャンパス内に生物学科専用の建物ドールトン・ホール（Dalton Hall）が完成し、施設面でも格段に整備された[29]。

梅子の手紙に出てくる「ミツクリ」とは、帝国大学の生物学教授の箕作《みつくり》佳吉《かきち》（一八五八―一九〇九）のことである（図3・11）。彼は、一八七三年に一五歳で渡米し、イェール大学で学んだ後、一八七九年から八〇年までジョンズ・ホプキンス大学大学院で動物学を専攻しブルックスに師事し、一八八〇―八一年にはフェローとなり一八八三年に博士号を取得している。ブリンマーの最初の生物学教授であり、梅子も学んだウィルソンとはジヨンズ・ホプキンスでの学友であった。弟子の渡瀬庄三郎にジョンズ・ホプキンス大学への留学を勧めたのも彼であった。箕作は、一八八二（明治一五）年に東京大学理学部生物学科動物学教室においてモース、ホイットマンに次いで第三代の教授、日本人としては初めての教授に就任していた。一八八六（明治一九）年には三崎臨海実験所を創設している(30)。

梅子は再留学前から箕作を個人的に知っていた。捨松が一八八三（明治一六）年につくった英語演劇クラブのメンバーとして、ともに「ヴェニスの商人」を演じたこともあった。同クラブには東京大学理学部の化学者、桜井錠二（一八五八―一九三九）や高嶺秀夫夫人も含まれていた(31)。留学前に梅子と箕作のつながりがどの程度あったかは詳らかでないが、ブリンマー時代にはウィルソンから親友の箕作の話も出たことは想像に難くない。いずれにせよ、帰国後の梅子にとって、箕作は日本における生物学研究での数少ない相談者であり理解者であったことは確かである。

津田塾大学の津田梅子資料室には箕作と梅子の間に交わされた手紙が残っている。英文で書かれたこの書簡は、上記のモーガンへの手紙を裏付けるものである。一八九三（明治二六）年三月二五日付の箕作佳吉から梅子に宛てた手紙には、梅子が箕作を通じて、アルコール、ピクリン酸などの試薬、標本瓶三〇個、目皿一〇個を注文したこと、研究仲間の石川千代松（一八六一―一九三五）が小石川区竹早町の梅子の家の近くに住んでいるので、カエルや、カエルの卵を集めるのに石川の学生に手伝わせるから、石川に申しつけること、あきらめずに研究を頑張るように、ということが書かれている(32)。

石川はモースの講義を筆記した『動物進化論』（一八七九）を出版し、日本における進化論の普及者として知られる。当時帝国大学農科大学教授で東京動物学会会長も務めていた。ホイットマンの弟子で発生の問題にも関心をもっていた(33)。梅子は箕作のこの手紙に対して、激励に感謝し、研究を再開すること、これからもアドバイスをお願いすることになる旨の返事をしている(34)。箕作は一八九八(明治三一)年の『東洋学芸雑誌』に「動物学ノ一新分科」と題する論文を書き、実験発生学の興隆について論じ、モーガンのカエルの卵割研究をその一例として「甚ダ面白キ事實ヲ發見セリ」として好意的に紹介している。ただし、「米國もるがん氏」の研究として紹介しており、なぜか梅子の名は書かれていない(35)。

当時の日本の生物学の状況はどうであったか。日本における西欧近代動物学の受容は、一八七七(明治一〇)年に創設された東京大学理学部生物学科で、モース、ホイットマンが口火を切った。米国帰りの箕作がその後を継いで就任し、一八八六(明治一九)年にドイツ留学から帰国した飯島魁《いさお》(一八六一―一九二一)が採用され、動物学教室は二名の教授を擁していた。教官の専門の関係で学生はほとんどすべて動物学に偏り、植物学を専攻する学生は皆無であったという(36)。一八九三(明治二六)年までに一六名の卒業生を出していたが、その卒業研究はすべて分類学、形態学、記述的発生学の域から出ていなかった。箕作は実験的手法の重要さを理解はしていたが、まだそれを教育研究の場で積極的に実践するにはいたらなかった。同教室で実験的研究が本格化するのは、コロンビア大学でウィルソンとモーガンの下に学んだ谷津《やつ》直秀(一八七六―一九四七)の代(一九〇七年就任)になってからである(37)。

学会に関しては、一八七八（明治一一）年、モースの呼びかけで東京大学生物学会が組織された。ホイットマンの在任時に一時活動が途絶えたが、箕作が会の再建をはかり、一八八二（明治一五）年に東京生物学会と改称、三年後に植物と動物に分かれて、東京動物学会が成立した。会誌『動物学雑誌』は梅子が留学中の一八八八（明治二一）年に創刊された。しかし、当時は初等中等教育の教師や一般読者向けの動物学の普及啓蒙的な記事にウエイトが置かれ、まだ専門的な研究者向けの学会誌とは言い難かった(38)。このように、当時のわが国は、制度的にも内容的にも試行錯誤しながら欧米の生物学の導入にようやく動き出していた時期であり、制度化された欧米の学問的状況とは大きな違いがあった。箕作ら一部の動物学者と個人的に交流があったほかは、梅子は敢えて自分から進んでこのような状況の日本の学界と関わりをもとうとはしなかった。

生涯の友人であったハーツホンの覚え書きには、梅子が心の中では科学に未練をもちつづけていたことが書かれている。英学塾の創設に際し、科学教育――それが具体的にどの程度のものであるかは今となっては詳らかではないが――も射程に入れていたが、財政的困難から科学を学科として設けることは不可能と知るまで、梅子は科学雑誌や本を購読しつづけていたという(39)。

一八九八（明治三一）年五月、大山捨松の働きかけで梅子は女子高等師範学校で英語教授を兼任することになった。瓜生繁子は同校の音楽担当の教授であった。同校は前年に文科と理科が設置され同年に研究科が設けられた。ここに女性の高等教育として初めて科学教育が行われることになったのである。梅子と同時期に、生物学の専任教授として岩川友太郎（一八五五―一九三三）が採用された。

岩川は東京大学生物学科の最初の卒業生の一人で、モースやホイットマンから動物学を学んだ。女子高等師範学校の科学教育のポストはまだすべて男性の教官で占められていた[40]。保井コノも同じ年に理科に入学している。後に研究科に進み、岩川の指導で鯉の器官についての研究を行った[41]。同校での梅子の在職期間は二年と短く、岩川と接点があったかどうかは不明である。

## 生物学との決別

梅子は女子のための学校をつくる構想に全力を傾注するにつれ、次第に生物学から遠ざかっていった。一九〇〇（明治三三）年九月、女子英学塾を開校して、この夢を実現した。晩年の梅子は「本当の大学になれるのなら、私の塾も大学にしたい」「大学とするなら真の大学にしたい」と語っていた[42]。梅子が目指す大学の原型は、ブリンマー大学であったはずである。梅子は、女子英学塾の学生に生理学を学ばせ、植物や動物の観察をすすめたこともあったが、これが梅子にできるせめてものことであったのかもしれない[43]（第五章参照）。

一九一七（大正六）年頃から糖尿病で入退院を繰り返し、さらに何度かの脳溢血に見舞われた後、梅子は一九二九（昭和四）年夏に世を去った。梅子が他界する数年前、英学塾の職員吉川利一は梅子の伝記を書く準備を始めた。病の床にあった梅子は資料提供に協力し、コロンビア大学に移っていたモーガンに、かつての共同論文の別刷があれば送ってほしいという旨の手紙を書いた。モーガンからの返書では、あいにく別刷は残っていないとのことであった。手紙は、「伝記を書かれるようになるなんて、あなたは何と偉大な人になったのでしょう！　でも私は驚きません」と結ばれている。[44]吉川が『津田梅子』を完成したのは梅子の死から一年後、モーガンがノーベル生理学・医学賞を受賞したのはその三年後の一九三三（昭和八）年のことであった。

モーガンは、梅子があのような業績をあげ名声を勝ち得たのは、生物学と完全に縁を切ったからだ、と皮肉混じりに語っている。[45]彼はコロンビア大学に移った一九〇四年、梅子の帰国後すぐにブリンマーで指導した大学院生リリアン・サンプソン（Lilian V. Sampson, 一八七〇—一九五二）と結婚した。[46]コロンビアでは一九〇八年頃より研究の重心を発生学から遺伝学に移した。ノーベル賞は彼の「染色体の遺伝機能の発見」に対して与えられた。キイロショウジョウバエ（*Drosophila*）を材料として用いた実験からその突然変異を研究し、染色体地図を作成、そこから遺伝子が細胞内の染色体の上にあることを示した。グレゴール・ヨハン・メンデル（Gregor Johann Mendel, 一八二二—八四）以来、遺伝子は抽象的な概念として存在していたが、遺伝子が染色体上のマテリアルな実体として確認されたことにより、その後の遺伝学研究の方向を決定づけたのである。彼の門下からハーマン・マラー（Hermann Joseph Muller, 一八九〇—一九六七）、ジョージ・ビードル（George Wells Beadle, 一九〇三—八九）、マックス・デルブリュック（Max Ludwig Henning Delbrück, 一九〇六—八一）らのノーベル生理学・医学賞受賞者を始めとする一連の傑出した遺伝学者が輩出しているのもその研究伝統の形成を裏書きしている。[47]モーガンの遺伝学研究は、若き日にブリンマーで行った実験動物学による発生学の研究体験が出発点にあったことを忘れてはならないだろう。そしてその最初の実験パートナーが梅子だったのだ。

教授法を学ぶ目的で再留学した梅子がブリンマーですぐに考えを変え、一時期でも生物学への道に進んだのはたんに生物学への個人的興味だけからとはいえない。女性が科学者として生きることが不可能に近いとわかっていた時代状況の中で、敢えてそうしたのは、梅子なりの時代への挑戦だったのではないだろうか。日本では実現できないことをアメリカで自ら実践することにより、日本女性のタブーに挑戦し、不可能が実は可能であることの証を見出そうとした、そしてその体験は大きな自信となり、帰国後の梅子の女子教育の原点になったのではないか。梅子は華族女学校を辞する時、尊敬するフェミニスト、トマス学長に手紙でこう書いている。「私は華族女学校のような学校にとりまく官僚主義や保守主義（red-tape and conservatism）と決別することに決めました(48)」。それは在野にあって官と対抗した父・仙のスタンスそのものであった。

梅子は私立の塾を創設し、女子のための英語の本格的教育の制度化に努めた。梅子はしばしば英語は最終目的ではないといった。英語を日本女性たちに教育し、英語を通して西欧の世界、思想、科学に目を開かせる、そしてそれは日本女性たちのいわばジェンダー、すなわち社会的性差の存在の自覚へとつながる。明治啓蒙主義的ともいえるこうした想いは、最初の留学後の日本での教職体験の中で胚胎し、ブリンマー大学での原体験から揺るぎない信念へと変容した。そして、それは梅子が、日本では男性にのみ相応しい「高尚な」学問とされた自然科学としての生物学を学ぶ中から形成されたものであった。しかもその確信は、アメリカ生物学の飛躍的な成長期にその最先端にあった大学で学ぶことから熟成されたのである。梅子にとって生物学研究は、女子教育者として、またその時代のフェミニストとしての梅子の生き方そのものに関わる存在であったといえよう。

## 第三章　注

(1) 動物学者の大島廣(一八八五—一九七一)が一九二一年夏にウッズホールに行った時の記述を参考にした。大島廣『一動物学徒の記録』(酣燈社、一九五〇)二六三頁。

(2) ホイットマンについては、木原均・篠遠喜人・磯野直秀(監修)『近代日本生物学者小伝』(平河出版社、一九八八)九四—九九頁、渡辺正雄『お雇い米国人科学教師』(講談社、一九七六)二七四—二九八頁参照。ウッズホール臨海生物学実験所の歴史については、Frank R. Lillie, *The Woods Hole Marine Biological Laboratory* (Chicago: University of Chicago Press, 1944) を参照。また、Philip J. Pauly, "Summer Resort and Scientific Discipline: Woods Hole and the Structure of American Biology, 1882-1925," Rainger *et al.* (eds.), *The American Development of Biology*, pp. 121-150 参照。なお、同所の当時の名称は Woods Holl Marine Biological Laboratory であったが、後に Holl が Hole と表記されるようになった。ボストンの裕福な女性たちが設立した婦人教育協会と同実験所との関係については、Margaret W. Rossiter, *Women Scientists in America: Struggles and Strategies to 1940* (Baltimore: Johns Hopkins University Press, 1982), pp. 86-87 参照。

(3) "Students at the Laboratory," *The Marine Biological Laboratory Fourth Annual Report for the Year 1891* (Boston, 1891), pp. 7-8. なお、古木『津田梅子』一二二頁に、「最初の夏休み〔一八九〇年夏〕に早くも幾人かの教授と浜辺のフィールドワークに出かけている。顕微鏡の扱い、サンプル作りの技術が特に買われた、とランマン氏の覚え書きにはある」とあるが、これがウッズホールのことであれば時期は一八九一年の夏休みの誤りであろう。

(4) 渡瀬庄三郎については、溝口元「日本の西欧近代動物学の自立とジョンズ・ホプキンス大学在籍者」『生物学史

研究』六八号（二〇〇一）一―一三頁、木原ほか（監修）『近代日本生物学者小伝』一三七―一四一頁、三好学『学軒集：随筆』（岩波書店、一九三八）五三二―五四五頁参照。

（5）溝口元「ウッズホール臨海実験所における日本人研究者の活動」『Z News』（二〇〇一・五）一六―二〇頁、同「臨海実験所と発生学――蜜月から乖離、そして新たな模索へ」『生物科学』五四巻・一号（二〇〇二）四〇―五〇頁、同「野口英世とウッズホール臨海実験所――カーネギー研究所による助成との関連から」『生物学史研究』七四号（二〇〇五）七―二六頁。梅子のウッズホール滞在については、中沢「動物学者　津田梅子」でも触れられている。

（6）モーガンについては次の文献を参照。Alice Boring, “Thomas Hunt Morgan,” *Alumnae Bulletin*（Bryn Mawr College）, February 1946: 18-19; A. H. Sturtevant, “Thomas Hunt Morgan,” *National Academy of Sciences Biographical Memoirs*, vol. XXXIII（1959）: 282-325; Gerland E. Allen, “Morgan, Thomas Hunt,” *Dictionary of Scientific Biography*, vol. IX（New York: Scribner, 1970）, pp. 515-526; Ian Shine and Sylvia Wrobel, *Thomas Hunt Morgan: Pioneer of Genetics*（Lexington: University Press of Kentucky, 1976）［シャイン・ローベル（徳永千代子・田中克彦訳）『モーガン――遺伝学のパイオニア』（サイエンス社、一九八一）］、Jane M. Oppenheimer, “Thomas Hunt Morgan as an Embryologist: The View from Bryn Mawr,” *American Zoologist*, vol. 23（1983）: 845-854; Robert E. Kohler, *Lords of the Fly*: Drosophila *Genetics and the Experimental Life*（Chicago and London: University of Chicago Press, 1994）. モーガンの私文書類（Thomas Hunt Morgan Papers）は、彼が後年勤務したカリフォルニア工科大学のアーカイヴ（California Institute of Technology Archives）に保存されているが、管見の限り梅子との書簡等は含まれていない。

（7）モーガンの公刊した全論文は Sturtevant, “Thomas Hunt Morgan,” pp. 301-325 にリストアップされている。

（8）Oppenheimer, “Thomas Hunt Morgan as an Embryologist,” p. 853.

（9）駒井卓『ダーウィンの家』（創元社、一九四七）八五頁。次の文献も参照。Taku Komai, “T. H. Morgan's Times: A Japanese Scientist Reminisces,” *The Journal of Heredity*, vol. 58, no. 5 (September-October 1967): 247-250. 梅子の英語の能力については、動物学者のコンクリンも絶賛している。大島廣がコンクリンの家を訪

れた際、「たしかスミス女子大学に在学中の令嬢も帰省して居て、楽しく一夕を語りあつた。わが津田梅子先生（ミス・ユーメ・ツダ）の噂も出たが、その英語はこの辺の娘達——と令嬢とその友達とを指しながら——の喋る英語などよりも正しい、立派なものだつたと［コンクリンは］賞賛された。」と書いている。大島『一動物学徒の記録』三〇八頁。

（10）津田梅子資料室所蔵の "The Orientation of the Frog's Egg" pt. II, 1892（手書き）はその草稿と思われる。

（11）Bryn Mawr College, *The President's Report to the Board of Trustees for the Year 1891-92* (Philadelphia: Bryn Mawr College, 1892), p. 38.

（12）T. H. Morgan and Umé Tsuda, "The Orientation of the Frog's Egg," *Quarterly Journal of Microscopical Science*, vol. 35 (1894): 373-405.

（13）例えば、香川人権研究所『保井コノ——日本初の女性博士』（香川人権研究所、二〇〇六）一五頁、西條敏美『理系の扉を開いた日本の女性たち——ゆかりの地を訪ねて』（新泉社、二〇〇九）一五六頁、三木寿子「保井コノの生涯」『保井コノ資料目録』（お茶の水女子大学ジェンダー研究センター、二〇〇四）六—一三頁、該当箇所は八頁。K. Yasui, "On the life history of *Salvia natans*," *Annals of Botany*, vol. 25 (1911): 123-137; K. Miyake and K. Yasui, "One the gametophytes and embryo of Pseudolarix," *Annals of Botany*, vol. 25 (1911): 639-647. ちなみに、保井は一九一五年（梅子の二四年後）にウッズホール臨海実験所で夏期コースをとっている。溝口「ウッズホール臨海実験所における日本人研究者の活動」一六頁。

（14）「津田梅嬢の生物学上の発見」『女学雑誌』三八七（一八九四・七）六九三頁。原文のすべての漢字にはルビが打ってあるが省略した。

（15）中沢「動物学者　津田梅子」四七頁。

（16）T. H. Morgan, *The Development of the Frog's Egg: An Introduction to Experimental Embryology* (London: Macmillan Company, 1897), p. 158.

（17）一八九一年一〇月九日付の Bryn Mawr College, *Trustee's Minutes* (Bryn Mawr College Library Special Collections 所蔵）には、「生物学の受講生増加の圧迫を受けて、コーネルの卒業生アイダ・ハイドを実験室の学生助手に年俸三〇〇ドルで雇用することが必要になった。また、日本人学生津田梅を総額五〇ドルで第二の助手に雇用した」と記されている。Bryn Mawr College, *The President's Report to the Board of Trustees, 1891-1892* (Philadelphia: Bryn Mawr College, 1892), p. 37 も参照。

（18）Ida H. Hyde, "Before Women Were Human Beings: A Woman from Dark Ages."（原稿）1931, revised 1938, Ida Hyde Papers, Archives, American Association of University Women, Washington, D. C. 所蔵。別バージョンの刊行記事として、"Before Women Were Human Beings: Adventures of an American Fellow in German Universities of the '90s", *Journal of the American Association of University Women*, vol. 31（1938）: 226-236. がある。また Rossiter, *Women Scientists in America*, pp. 41-43 参照。

（19）Ida H. Hyde, paper presented at the San Diego Federation Club as the representative of A.A.U.W., 1924（原稿）, Ida H. Hyde Collection, Marine Biological Laboratory Library 所蔵。

（20）梅子の成績表（津田梅子資料室）には、単位取得科目の多くに H（High Credit）の評価が与えられている。"Bryn Mawr College Record of Ume Tsuda" 津田梅子資料室。"Transcript of Umé Tsuda," Folder 12JF, Bryn Mawr College Library Special Collections.

（21）Anna C. Hartshorne, memorandum, December 13, 1933, 津田梅子資料室。また Anna C. Hartshorne, "A Memory of Miss Tsuda," 津田塾大学（編）『津田梅子文書』五一三—五一四頁参照。

（22）Anna C. Hartshorne, memorandum（日付なし）、津田梅子資料室。トマスが梅子のために書いた紹介状（一八九二年五月二七日付、Bryn Mawr College Library Special Collections）にも、梅子が学業優秀で教授陣から尊敬を集めていることが書かれている。

（23）中西文子「津田梅子先生のこと」『英語青年』六二巻・三号（一九二九）一〇二—一〇三頁、引用は一〇三頁。

（24）吉川『津田梅子伝』二三五—二三六頁。

（25）東北帝国大学理科大学の門戸開放に関しては、湯川次義『近代日本の女性と大学教育——教育機会開放をめぐる歴史』（不二出版、二〇〇三）五〇—七二頁参照。

（26）津田仙「帰朝延期願」（明治二五年五月二七日）『華族女学校進退録　自明治十八年至同三十年』学習院アーカ

イブズ。延長理由は、卒業などの都合となっている。

(27) 梅子からThomas H. Morgan宛書簡（下書き）一八九三年七月二五日付、津田梅子資料室。

(28) Thomas H. Morganから梅子宛書簡、一八九三年一〇月一四日付、津田梅子資料室。

(29) ドールトン・ホールの素晴らしさについては、オープニング直前にゴフ（Leah Goff）が梅子に出した書簡（一八九三年一月二四日付、津田梅子資料室）に綴られている。

(30) 箕作佳吉については、玉木存『動物学者 箕作佳吉とその時代――明治人は何を考えたか』（三一書房、一九九八）、溝口元「動物学者箕作佳吉、谷津直秀の滞米在学記録について」『生物学史研究』六四号（一九九九）六五―七五頁、同「日本の西欧近代動物学の自立とジョンズ・ホプキンス大学在籍者」、木原ほか（監修）『近代日本生物学者小伝』一〇〇―一〇六頁、「箕作博士記念号」『動物学雑誌』二二巻（一九一〇）参照。なお、亀田『津田梅子』一三九頁では、モーガンへの手紙にある「ミツクリ」を佳吉の弟の箕作元八（一八六二―一九一九）と記載しているが、これは正しくない。元八は東京大学で最初、動物学を学んだが、極度の近視で顕微鏡が使えないため当時はすでに歴史学に転じていた。

(31) 久野『鹿鳴館の貴婦人大山捨松』一六四頁。Sutematsu Yamakawa から Alice Bacon 宛書簡、一八八三年一月一八日付、Oyama Collection, Archives & Special Collections, Vassar College Libraries.

(32) 箕作佳吉から梅子宛書簡（英文）、一八九三年三月二五日付、津田梅子資料室。

(33) 石川千代松については、木原ほか（監修）『近代日本生物学者小伝』一二六―一三〇頁、「故石川千代松博士記念号」『動物学雑誌』四七巻（一九三五）参照。

(34) 梅子から箕作佳吉宛書簡（英文・下書き）、日付なし、津田梅子資料室。箕作佳吉から梅子宛書簡、一八九三年三月二五日付、津田梅子資料室も参照。

(35) 箕作佳吉「動物学ノ一新分科」『東洋学芸雑誌』二〇七号（一八九八）五一九―五二一頁。

(36) 東京大学理学部動物学教室の歴史については以下の文献を参照。谷津直秀「研究室概観 東京帝国大学理学部動物学教室の歴史（1）」『科学』八巻（一九三九）三四〇―三四六頁、（2）三八七―三八九頁、（3）四三五―四三八頁、磯野直秀「東京大学理学部動物学教室の歴史」竹脇潔・磯野直秀『ミズカマキリはとぶ――動物学者の軌跡』（学会出版センター、一九八五）一三九―二一七頁所収。また溝口「日本の西欧近代動物学の自立とジョンズ・ホプキンス大学在籍者」参照。
（37）福井由理子「東京大学動物学教室における卒業論文――第一回卒業（一八八一年）から谷津直秀の退官（一九三八年）まで」『生物学史研究』六五号（二〇〇〇）八三―一〇一頁、溝口「日本の西欧近代動物学の自立とジョンズ・ホプキンス大学在籍者」。
（38）林真理「『動物学雑誌』初期の目的と成果――明治時代日本における動物学研究の一断面」『生物学史研究』六六号（二〇〇〇）一―一三頁、同「一八九〇年代における日本の動物学者の論文発表について」『生物学史研究』六八号（二〇〇一）四五―五六頁。
（39）Hartshorne, memorandum, December 13, 1933; *idem*., タイプ原稿、November 16, 1940, p. 9, 津田梅子資料室。
（40）東京女子高等師範学校（編）『東京女子高等師範学校一覧』（明治三一―三二年）一三三―一三六頁。
（41）研究結果は初論文、保井コノ「鯉のウエーベル氏器官について」『動物学雑誌』一七巻・二〇一号（一九〇五）二〇七―二一一頁。
（42）片山寛「津田梅子女史の追想」『英語青年』六二巻・四号（一九二九）一三八頁。
（43）津田塾理科の歴史を記録する会（編）『女性の自立と科学教育』一四四頁。
（44）Thomas H. Morgan から Ume Tsuda 宛書簡、一九二六年二月四日付、津田梅子資料室。
（45）Komai, "T. H. Morgan's Times," p. 247. 駒井『ダーウィンの家』八五頁には、モーガンの同じ話が次のように書かれている。「又女史が帰つて立派な学校を建てた事も知つてをり、『それは全く動物学を棄てたからだ、動物学などをやり続けてゐたら、とてもさうはゆかない』と冗談を云った。」
（46）リリアン・モーガンは結婚後も発生学と遺伝学の研究を続けた。Katherine Keenan, "Lilian Vaughan Morgan (1870-1952): Her Life and Work," *American Zoology*, vol. 23 (1983): 867-876.
（47）Allen, "Morgan, Thomas Hunt." 遺伝学史の入門書として、John Waller, *Heredity: A Very Short Introduction* (Oxford: Oxford University Press, 2017)［ウォーラー（廣野喜幸監訳・亀濱香訳）『遺伝』（ニュートンプレス、二〇二一）］がある。

(48) 梅子から Carey Thomas 宛書簡、一九〇〇年八月九日付、Bryn Mawr College Library Special Collections.

# 第四章　英学塾の裏側で

女性の教育と地位の向上なくして日本の真の発展はあり得ないと思うのです。

——Ume Tsuda "The Education of Japanese Women," 一八九一年

英語を専門に研究して、英語の専門家にならうと骨折るにつけても、完《まつ》たい婦人（complete women）となるに必要な他の事柄を忽《ゆるが》せにしてはなりません。完たい婦人即ち all-round women となるやうに心掛けねばなりません。

——津田梅子、女子英学塾開校式祝辞、一九〇〇年

［私の母は］数学が抜群に得意で、高等女学校では在学中の五年間、学年トップの成績を続けた。高女の先生たちは、母の才能を伸ばすため、奈良の女子高等師範学校（女高師、現 奈良女子大学の前身）に進学させるようにと、母の両親に勧めてくれた。（中略）しかし、「女に学問は不要」という、親戚の長老の一言で、母は泣く泣く進学を諦めた。

——米沢富美子『猿橋勝子という生き方』二〇〇九年

戦前は尋常小学校（時期によって変わるが概ね修業年限六年、以下同様）を卒業した後は通常、男

女別学の教育が行われていた。男子は中学校（五年）、高等学校（三年）、大学（三年）へと進む道があった。女子は、高等女学校（四年か五年）か女子師範学校（五年）に進む道があり、その上は専門学校（三年か四年）か女子高等師範学校（四年）に限られていた。大学は基本的に男子のための高等教育機関であった。

こうした教育制度の根底には、女子には高等な学問は不要であるという通念があった。本章では、科学から少し離れて、また時間を少し戻して、明治以来この通念を共有した教育者の考え方がどのようなものであったかを剔出し、女性の高等教育（中等教育以上の教育）の機関としての女子英学塾の位置を確認する。そのうえで、塾の発展期における津田梅子の教育の実態、学生たちの反応、梅子と塾を囲む人々との関係と別離、そして梅子の死にいたる道筋をたどる。

### 女子高等教育不要論

明治から大正期にかけて、津田仙、高嶺秀夫、成瀬仁蔵（一八五八―一九一九）、巌本善治《よしはる》（一八六三―一九四二）、新渡戸稲造（一八六二―一九三三）ら女子教育の積極的な推進者は少なくなかった。しかし一方において、女子の高等教育不要論は教育者や為政者の間で支配的であった。それはその時代の国家観や家族制度下の性別役割観を直接反映していた。例えば、東京帝国大学総長、京都帝国大学総長を歴任し、文部大臣を務めた数学者の菊池大麓（一八五五―一九一七）は、一九〇二（明治三五）年に開催された高等女学校長会議で、次のような訓示をしている。

我邦に於ては女子の職と云ふものは独立して事を執るのではない、結婚して良妻賢母となると云ふことが将来大多数の仕事であるから、女子教育と云ふものは、此の任に適せしむると云ふことを以て目的とせねばならぬのである。即ち専門の学問と云ふものは、女子の独立の助けと云ふことになるけれども、これを公に設ける必要はないと思ふのである。(1)

菊池はまた大日本婦人教育会（一八八七年設立）において、「世間に一時男女同権と云ふ言が甚流行しましたが、私は斯言を忌はしい語であると考へて居ります」と述べ、女子が独立して男子と並立し、もともと男子のものであった仕事で競争することはその本分から外れることであり、結婚して良妻賢母となることが女子の天職なのだと論じた。(2)

大山捨松の兄で東京帝国大学総長であった物理学者の山川健次郎（図4・1）も、女子高等教育不要論の急先鋒の一人であった。山川は一九一七（大正六）年に開かれた臨時教育会議で、高等教育は女子に精神的・身体的な圧迫を与え、死亡率を高めたり、受胎能力を低下させると主張した。女子教育は高等女学校までで十分であり、女子がさらに高等教育を受けるようになると婚期を逸し民族の繁殖を妨げるとまで断言している。

妊娠ト云フモノノ最モ盛ニアルベキ所ノ二十一二歳ト云フ者ノ女ノ結婚期ト云フモノハ三年位遅

レルノデアリマス、之ガ為ニ我民族ノ繁殖ト云フコトヲ妨ゲルト云フコトニナル…斯ノ如キコトハ一方ニハ女子ノ死亡率ヲ高メ、一方ニハ結婚ノ期ヲ晩クスルト云フヤウナ、我民族ニトツテ甚ダ不利益ナコトヲ起スノデアリマス(3)。

捨松が兄のこうした考えに同調することなく、梅子の英学塾をはじめ女子の高等教育を積極的に支援したことは、自らの留学体験に基づく強い信念があったことを表している。

吉岡彌生(一八七一―一九五九)が一九〇〇(明治三三)年に東京女医学校(後の東京女子医学専門学校、現東京女子医科大学)を設立し、女医の養成を開始した頃、「女医亡国論」が登場した。その中で、山川と同様の「女子高等教育有害論」が唱えられた。すな

図4・1 山川健次郎.捨松の兄.物理学者・教育者.東京帝国大学総長・京都帝国大学総長・九州帝国大学総長を歴任.九州大学大学文書館提供.

わち、女子に高等教育を授けることは、女子の晩婚化を招き、あるいは独身を余儀なくさせ、日本の人口を減らし国益を損なうという論である。さらには、手術をして血を流すことに平気な女子が増え、日本の淳風美俗を壊し、ひいては国家を滅亡に導く、といった議論もあった。これは、医師という職業的専門性を「女性の特性」に合わないものと見なし、女性を排除しようとする視点であった。(4)

婦人運動家の平塚らいてう（本名平塚明《はる》、一八八六―一九七一）（図4・2）は自伝『元始、女性は太陽であった』の中で、日本女子大学校の学生時代、元内閣総理大臣で同校の後援者であった大隈重信（一八三八―一九二二）が来校して講話したときの様子を、平塚らしい筆致でこう綴っている。

［財界や］政界の代表的人物が後援者ということで、なにかの時には学校へ見え、まれには話をきくこともありましたが、この人たちの話は、たいてい内容のないことをもっともらしく引き伸ばしたお座なりのものですから、感心したことなどなく、こういう種類の人たちを、とうていわたくしは偉い人とも、尊敬できる人とも思えませんでした。とくに大隈伯はいかにも傲慢な感じの爺さんで、横柄な口のきき方でした。その説くところの女子教育の必要も、女子自身を認めてのことではなく、日本が列強に伍して行くようになって女が相変わらずバカでは国の辱《はじ》だとか、男子が進歩したのに、女子がそれにともなわないでは、内助はおろか、男子の足手まといになるだけで、けっきょく、それだけ日本の国力が減退することになるといったようなもので呆れました。(5)

図4・2　平塚らいてう．1910（明治43）年．1906（明治39）年に日本女子大学校家政学部を卒業し，青鞜社を設立，女性による女性のための文芸雑誌『青鞜』（1911-16年）を刊行した．晩年は湯川秀樹らとともに世界平和アピール七人委員会に加わり，猿橋勝子に日本婦人科学者の会の発足（1958年）を促した．奥村直史氏提供．

「女子を人として、婦人として、国民として教育する」という創立者・成瀬仁蔵の教育方針に憧れて一九〇三（明治三六）年、日本女子大学校に入学した平塚にとって、同校の創立委員長・評議員を務めた大隈の女性蔑視的な発言は幻滅以外の何物でもなかった。

このことは、女子高等教育の重要性を支持する教育者や為政者の側も、必ずしもすべてが女性の人格を認めたうえでのものではなかったことを示している。また、かりに人格を認めたとしても、女性の特徴を「母性」にあるととらえ、その特性をより発揮させるための人間形成・婦徳形成に重きを置いた教育が必要だという認識をもつ女子高等教育推進者は多かった。これは、男性の教育者に限ったことではなく、津田梅子と知己があり実践女学校校長となった下田歌子や東京女子大学学監・学長となった安井てつ（一八七〇―一九四五）のような女性教育者にも概ね共通していた認識である。とくに下田の立場は、良妻賢母論を女性の地位向上と結びつけた日本版「ドメスティック・フェミニズム」といえる。(6)男子の高等教育のような学問探究の場、専門的職業人の育成の場という認識とは異なっていたのである。(7)

梅子はどうであったか。第一章で見たように、多感な少女期にヴィクトリア時代のアメリカの家庭で育てられた梅子は、それがもつ家庭観を植えつけられた。その意味で、梅子は女性性のあるべき徳や家庭における女性の役割を重視したが、それは日本的な意味での家父長制に裏打ちされた良妻賢母の考えとは異なる。後者にはとくに強い反発を感じていた。また二度目の留学では、ブリンマー大学のフェミニストの師・ケアリー・トマスの女性高等教育観の影響を大きく受けたことは、第二章、第三章で見た通りである。トマスのようにヴィクトリア的家庭観を否定することはなかったが、ブリンマーでの自らの研究体験からも、「学問は男性のもの」「科学は男性のもの」といった通念は打破すべきものであると認識していた。女子高等教育不要論がまかり通っていた時代に設立した女子英学塾は、塾規則第一章第一条（一九〇四年）にあるように、「英語ヲ主トシテ女子ニ高等専門ノ学芸ヲ教授スルヲ目的」とする学校だったのである。(8)

熱血童女

女子英学塾は、東京市麹町区一番町の借家を校舎として始まり、元園町のより広い校地に移った後、一九〇三（明治三六）年に米国の婦人篤志家の資金援助を受けて麹町区五番町に移転し寮も新設された。同年に制定された専門学校令により、塾は翌一九〇四（明治三七）年に「専門学校」の認可を受けた。戦前期の専門学校（いわゆる旧制専門学校）は今日のそれとは異なり、中等教育修了者（女子の場合は高等女学校や師範学校の卒業者など）を対象に大学よりやや簡易ながらも「高等ノ学術技芸ヲ教授スル学校」（上記の塾規則はこの文言に則っている）で、修業年限は三年以上とされた。[9]塾は同年、文部大臣宛に社団法人の申請をして認可された。一九〇五（明治三八）年には、中等教員無試験検定資格（卒業生は無試験で英語科の中等学校の教員資格を与えられるという特典）を得た。[10]そのこともあって、生徒数は開校時の十数名から、一九〇八（明治四一）年には一五〇名に膨らんだ。[11]こうして、一九〇〇（明治三三）年の開校以来、塾は一〇年のうちに順調な発展を遂げた（図4・3、図4・4）。

一九〇六（明治三九）年発行の『実地精査　女子遊学便覧』で新聞記者の中村千代松（一八六七―一九四一）は、「本塾に学ぶものは余程頭脳の健全な学識の豊富な人でなければ到底他の塾生と歩調を一にして進むことが出来ないさうだ」「寄宿舎も舎生は皆な読書勉学に忙殺されて居るから、割烹実習とか家族的生活とかに時間を費やすことをせぬ、要するに此塾に入つたものは徹頭徹尾読書の人とならなければならぬ」という紹介をしている。[12]東京の専門学校を志す女生徒向けに書かれた案内書

図4・3　1900（明治33）年の開校時，塾設立の協力者とともに．右から大山捨松，瓜生繁子，アリス・ベーコン，梅子．
津田塾大学津田梅子資料室所蔵．

であるが、女子英学塾の勉強の厳しさを多少の誇張を交えて伝えている（図4・5）。

梅子は開校以来、学生たちに専門の英語だけを勉強すればよいというのではなく、幅広い教養を身につけることの重要性を訴えた[13]。カリキュラムは英語を主体としたが、それ以外に倫理、心理、教育、国語、漢文、歴史、体操などの科目も設けられた[14]。また隔週の課外授業として特別講演会を行った。例えば、津田仙の

図4・4　開校翌年の梅子．1901（明治34）年．
津田塾大学津田梅子資料室所蔵．

図4・5　女子英学塾の図書室．関東大震災前の五番町校舎．
津田塾大学津田梅子資料室所蔵．

図4・6　新渡戸稲造．1902（明治35）年．農政学者・教育者．女子英学塾の創立と運営に尽力し，後に東京女子大学初代学長を務めた．新渡戸記念館提供．

教え子で梅子の友人である巌本善治や、仙や梅子と親交のあった新渡戸稲造（図4・6）らがこの講演を行い、生徒から好評を博した。巌本は当時、『女学雑誌』（一八八五年創刊）の編集人で、明治女学校の校長を務めており、塾では倫理・道徳に関する講演をした。新渡戸は一八九九（明治三二）年にニューヨークで刊行したばかりの *Bushido*（武士道）の内容に関わる連続講演をしている。巌本と新渡戸は社団法人女子英学塾の社員も務めた。(15)

教室での梅子の授業は厳格かつ情熱的であった。山川（青山）菊栄（一八九〇―一九八〇、一九一二年卒）（図4・7）は、女子英学塾で梅子から英語を習った。教師としての梅子を次のように書いている。

私の属したクラスは、一年で訳を、二年で

図4・7　山川菊栄．1920年夏．婦人運動家・評論家．社会主義運動の女性理論家として活動した．戦後は片山内閣の労働省婦人少年局の初代所長となる．山川菊栄記念会提供．

文法を、三年で英詩と英作文とをミス津田に受持たれた。先生の日本語は、日常の会話にはさしつかえなかったが、いざとなれば英語ほど十分な役には立たなかった。しかし、先生の天賦の才能と異常の熱心とは、日本語および日本文に関する知識の不足を補うて余りあるものであった。（中略）米国の大学で、先生の専攻された学課は生物学であったが、語学教師としても、確かに優れた才能を示しておられた。英文のコツといってもいいか、呼吸といってもいいか、名状しがたいデリケートな味や陰影が、先生の熱心な、精力的な、そしてオ気ある説明によってピンときた感じのすることが、一再には留まらなかった。[16]

また、こうも綴っている。

先生はこの当時の女子教育家に珍しく、文部省がなんといっても賢母良妻主義をいっさい口にせず、女子の職業教育を正面から旗じるしとして進んだ先駆者だけに、女大学的奴隷道徳と無気力な忍従主義を排撃し、自分自身自主的、積極的な性格でもあり、教師としてすぐれた天分もあった方でした。教えるのに熱心で、どんなにごきげんの悪い顔つきで教室にはいって来られても、まもなく授業にうちこんでいっさいを忘れ、終わりごろには、英語でシャレやじょう談をいいながらとろけるような笑顔で帰っていかれるところは、無邪気な童女そのままでした。[17]

英作文の授業では、たんに英文表現の仕方を学ばせるのではなく、自分の頭でしっかり考えたうえでの内容のある文章を書くことを求めた。星野あい（一八八四―一九七二、一九〇六年卒）は、英作文の授業について次のように書いている。

きびしいことで有名であった津田先生の英作文は三年になってから習いました。先生はあいまいなこと、ぐずぐずしたことが嫌いな性《たち》でしたので、英作文でも抽象的な論議だけではだめで、具体的な描き方が必要でした。たとえばちょうど日露戦争中のことでしたので、この時代にどうすれば国家の役にたてるかという問題を論じたときでも、毎日々の節約が大切で、食事もあまりぜいたくをしてはならないと書いたところ、早速、先生に突っ込まれてしまいました。ただでさえ日本人は栄養のとり方が少ないのに、節約するというだけではだめで、肉をやめて、その代わりに安くて栄養のある豆腐を食べるといいというように具体的な例を挙げなさいというのが先生の指摘されたことでした。(18)

星野は、「先生から直接指導を受けたのは一年半に過ぎなかつたが、その授業の徹底、少しのごまかしも許さぬ厳しさは身に沁みて今に至るも忘れることは出来ない」と書いている。(19)

吉川利一は梅子を生来の「疳癖《かんぺき》」と言ったが、反抗的な学生、できの悪い学生、オドオドして黙りこくる学生には、梅子は情け容赦なく叱りつけた。(20)前述の山川は、梅子の語学教師としての情熱に敬意を払いつつも、その価値観には批判的な眼差しを向けていた。後に社会主義者・婦人運動家として活動する山川は、英学塾に入る前から社会の貧富による格差の問題に目覚めていた。山川は教室で起きたあるエピソードを紹介している。

トルストイが家出をした時代のことで、偶然教室でそのことが話題になった。[津田]先生はこの級《クラス》でトルストイを読んだ者は、と問われた。私は正直に手をあげた。暗い顔をなされた先生は、それから一時間にわたって激しいトルストイ論を続けられた。曰く、彼は宗教を捨てた。彼の作品は腐敗と堕落、無知と不道徳以外の何ものでもない。彼の書は読者の品性を破壊する。それは断じて淑女の手にすべきものではない。彼の思想は恐るべき危険思想である。私は塾のガールスには断じて彼の著書を読むことを許さない。等々。[21]

在学中、梅子から塾の卒業生である姉の松栄を介して「思想がよろしくない」とたびたび注意を受けたが、山川はこの学校に来たのは英語を学ぶためで、思想を教わるためではない、と内心突っぱねていた。[22]母と娘ほど歳の差のある両者には価値観において世代的な断絶もあった。教育を通して日本女性の意識変革と社会的地位の向上をめざしながらも、天皇制国家や階級社会には疑念をもたなかった梅子の保守性に、山川は強く反発した。幼い頃から日本という国家の近代化政策の要員の一人として組み込まれてきた梅子は、山川にとって体制側のエリートであった。女子英学塾の特質も任務も、梅子の育った明治の時代とその支配階級の価値観や要求に沿ったものだったと見ている。[23]

一方、梅子が山川の将来を気遣っていたことは、次の文面からも窺い知ることができる。

卒業後二、三年して、先生からコロンビア大学へ行って一勉強し直す気はないかというお話のあったことを思い出す。コロンビア大学の東洋人のための奨学金制度に対し、希望があれば推薦してさしつかえない、帰朝後、塾の仕事を多少手伝って貰えばよし、その他は研究でも著述でも心任せでよし、学課も英文学に限らず、思うように選択していいというお話だった。私は自分の都合で折角の御厚意を御辞退申し上げたが、当時社会主義者のグループに接近していた私の将来と塾の名誉に対する御配慮が、この提案になって現れたものと思われた。

ミス津田にとって、塾は一切であった。塾の名誉を救うためには、それを汚す恐れのある者を救う必要があると思われたらしい(24)。

塾の名誉を救うために梅子が山川をアメリカ留学で軌道修正させようとしたと見るのは、いささか深読みに思える。前提として、梅子が山川の学才を見込んでいたからこそ、見限ることなく、本人の将来を思って、留学の希望を打診し、さらには塾で教えることまで提案した――少なくともそうした面があったことは確かである。長年塾の幹事として梅子の傍にいた吉川利一も書いているように、「身辺に集まる学生の内に偶々人材を発見すると、女史は平静な態度でその前を通り過ぎることができなかった。どうしてその人の才能を伸ばそうか、どうしてその人にまつわる障害を取除けようかで、女史の心は一ぱいであった(25)」。いずれにせよ、このように考え方の齟齬や確執はあったが、後述のように梅子の晩年、二人は鎌倉で親しく交際している。

女子英学塾で山川の一学年下の神近市子（一八八八―一九八一、一九一三年卒）は、在学中、平塚らいてうの主宰する「青鞜」の同人となったことを梅子に知られ、卒業後は東京を離れて弘前の青森県立女学校に赴任することを命じられた。婦人の道徳を乱すとして青鞜に加わることを咎めること自体、梅子の保守性をよく表しているが、放校にしなかったことも、梅子なりの気遣いからの判断であった。神近はその後新聞記者となるが、アナーキスト（無政府主義者）として知られた大杉栄（一八八五―一九二三）と恋愛をし、一九一六（大正五）年、四角関係のもつれから大杉を刺して傷を負わせる事件（葉山・日蔭茶屋事件）を起こし、二年間服役した。戦後は日本社会党から政界に出馬し衆議院議員に当選して、売春防止法の成立に尽力するなど、女性や人権の問題に取り組んだ(26)。

## 別れの日々

一九二〇（大正九）年までに梅子は、相次いで近親者や友人の死に遭遇している。塾創設を陰で支援した父の仙は、一九〇八（明治四一）年四月、東京から鎌倉の自宅に向かう汽車の中で脳溢血により逝去した。満七〇歳であった。梅子が一年間の欧米視察旅行から帰国して間もなくのことであった。母の初子も後を追うように翌年八月に鎌倉で他界した。梅子がかつて世話になった伊藤博文がハルビンで暗殺されたのはその二カ月後のことであった。姉の上野琴子（夫は実業家・上野栄三郎）は一九一一（明治四四）年五月に四九歳の若さで没した。アメリカでの育ての母ランマン夫人は一九一四（大正三）年二月に、塾創立時からボランティアで教師を務めたアリス・ベーコンは一九一八（大正七）年五月に没している。

大山捨松は女子英学塾の顧問、社員、理事、さらに同窓会の会長を務めるなど献身的に塾を支えた。夫の巌は一九一六（大正五）年に他界した。塾長の梅子は一九一七（大正六）年春から糖尿病や喘息の発作により体調の不良を訴えて療養していたが、一九一九（大正八）年一月に社員会に正式に辞任を申し出た。捨松、新渡戸稲造らは協議の結果、講師の辻（小此木）マツ（一八八二―一九六五）を塾長代理に推すことにした。辻は女子高等師範学校の文科を卒業し、米英留学の後、女子高等師範学校教授を務めたが結婚により辞職し、以後女子英学塾の講師をしていた。(27)

前年の秋から、日本では「スペイン風邪」と呼ばれるインフルエンザが大流行していた。スペイン風邪は世界的なパンデミックで、日本では一九一八（大正七）年八月から一九二一（大正一〇）年三月までに三回の大流行があり、当時の人口五五〇〇万人の約四割にあたる二三八〇万人が感染し、三九万人近くが死亡したとされる。このうち第一波の感染者数・死者が最も多かった。(28) とくに東京のような大都会では感染者が急増しており、英学塾では一九一八（大正七）年一〇月末から寄宿舎生徒の外出を禁じた。

捨松は孫たちへの感染を恐れ、家族を連れて沼津の別邸に転地していた。梅子の辞任の一件がなければそのまま沼津に留まっていたことだろう。しかし、捨松は塾長の後任人事のことが頭を離れず、一人でいったん東京に戻った。ところが、東京の大山家では書生や女中たちが次々にスペイン風邪にかかり、捨松も感染して発熱した。そんな中でも辻の家を訪れ、就任を躊躇する辻に塾長代理になるよう説得した。二月五日、責任を果たしたという安堵の気持ちで辻の塾長代理就任式に臨席した。その直後からのどの痛みと四〇度近い高熱が続き、肺炎を発症、二月一八日に五八歳で不帰の人となった。闘病中の梅子は周囲の人に抱えられながら、この姉のように慕う無二の親友の葬儀に参列した。(29)

同じ年、梅子は二度の脳溢血に見舞われ、聖路加病院への入退院を繰り返した。

梅子は病弱ながらもその後一〇年の人生を送った。塾が軌道に乗った矢先に病に倒れ、引退の決意にいたるまで、大きな精神的葛藤があった。最初は、仕事ができない人生に価値はないという挫折感に襲われた。しかし、ほどなく挫折感はある種の諦めに変わった。一九一七年六月一三日の日記（英文）にはこう記されている。

自分自身のことをいつまでも思い煩うまい。事物の永遠の成立ちのなかで、わたしやわたしの仕事などごく些少なものに過ぎないことを学ばねばならない——新しい苗木が芽生えるためには、ひと粒の種子が砕け散らねばならないのだ。わたしと塾についてもそう言えるのではなかろうか。その思いが念頭を去らない。(30)

自らに言い聞かせるように書いたこの一節は、梅子の信仰心がもたらしたものとも映る。「一粒の麦、地に落ちて死なずば、ただ一つにてあらん、もし死なば多くの実を結ぶべし」というヨハネ伝の一二章二四節と重なる。同時に、英文学者で梅子の研究者である川本静子の次の解釈も故無しとしないであろう。

［この一節には］自然界のことわりを冷静に見つめる眼差しが感じ取られる。梅子は若き日にア

**図4・8　晩年の津田梅子.** 1927（昭和2）年. 津田塾大学津田梅子資料室所蔵.

メリカのブリンマー大学で生物学を専攻しただけに、生物学を通して培われた科学する者の眼差しが、動揺のさなかにあっても、苗が芽生えて種子が死ぬ自然界のことわりを静かに受けとめさせたのではなかろうか[31]。

気性の激しかった梅子も、晩年は容貌が変わるほど穏やかになっていた[32]（図4・8）。

自宅は北品川の御殿山にあったが、鎌倉の稲村ヶ崎の山の中腹に建てた小さな別荘で毎年夏を過ごした。かつて父母が暮らした鎌倉・松が谷の家とは別の家である。別荘は一九二三（大正一二）年九月一日の関東大震災で倒壊したので、その後しばらくはすぐ近くの新渡戸稲造の別荘を避暑の宿にしていた。一九二八（昭和三）年一一月には、留学以来の親友・瓜生繁子が大腸癌のため六七歳で死去している。翌一九二九（昭和四）年春、稲村ヶ崎の自分の別荘を再建し、七月にそこに移り住んだ。読書や編み物がささやかな日課となった。卒業生たちが見舞いに訪ねてくることもあった。七里ヶ浜の海に向かった広縁に椅子を出し、潮風に吹かれて波の音を聞きながら静かな夏を過ごした。そして八月一六日、脳出血で六四年の生涯を終えた。[33]

かつての教え子の山川菊栄はその三年前から、病弱だった子供の静養のために夫の均（一八八〇—一九五八）とともに同じ稲村ヶ崎に移り住んでいたので、最晩年の梅子と親しく近所づきあいをしていた。手作りの野菜や草花を届けると「子供のように喜ばれた」という。[34]梅子は助けを借りて山川の家を訪れたこともある。地理的には近くでも病身の梅子には遠かった。梅子が死んだ時、山川は納棺に立ち会った。『婦人公論』に書いた追悼文に、「仕事のために完全に一生を捧げ尽くし、与えられた使命のゆえに、勇敢に、悔いることなく孤独の生涯を選んだ強き女性」と梅子を評した。[35]

## 第四章　注

（1）桜井役『女子教育史』（増進堂、一九四三）一一五頁に引用。
（2）前掲書、一一六頁に引用。
（3）海後宗臣（編）『臨時教育会議の研究』（東京大学出版会、一九六二）七六三頁に引用。山川健次郎「日本人種と女子の健康」『新家庭』（一九一一年三月）、同『男爵山川先生遺稿』七三一—七三五頁所収、でも同様の議論がなされている。また、畑中理恵『大正期女子高等教育史の研究——京阪神を中心として』（風間書房、二〇〇四）一〇二—一〇五頁参照。
（4）渡邊洋子『近代日本の女性専門職業教育——生涯教育から見た東京女子医科大学創立者・吉岡彌生』（明石書店、二〇一四）一一三—一一四頁。

（5）平塚らいてう『元始、女性は太陽であった――平塚らいてう自伝 上』（大月書店、一九七一）一五一頁。
（6）下田歌子の教育論については、広井多鶴子（編）『下田歌子と近代日本――良妻賢母論と女子教育の創出』（勁草書房、二〇二一）、とくに、香川せつ子「下田歌子と津田梅子――西洋文化との出会いと女子教育の創出」八七―一一七頁、広井多鶴子「下田歌子を捉えなおす」三一七―三三九頁参照。安井てつについては、青山なを『安井てつ伝』（安井てつ伝刊行委員会、一九四九）、宮田幸枝「安井てつの女子高等教育論」『教育科学研究』（首都大学東京）一二号（一九九三）一―九頁参照。安井はキリスト教に基づく人格形成のための教養教育をめざし、日本的な良妻賢母論には批判的であった。ドメスティック・フェミニズムについては、今井（編）『アメリカ家政学前史』参照。
（7）湯川『近代日本の女性と大学教育』三四二―三四四頁。
（8）津田塾大学一〇〇年史編纂委員会（編）『津田塾大学一〇〇年史　資料編』五〇頁。
（9）天野郁夫『大学の誕生（下）大学への挑戦』（中公新書、二〇〇九）第八章。
（10）津田英学塾（編）『津田英学塾四十年史』八七―九一頁。女子専門学校の中等教員無試験検定資格制度については、佐々木啓子『戦前期女子高等教育の量的拡大過程――政府・生徒・学校のダイナミクス』（東京大学出版会、二〇〇二）第一章・第二節参照。
（11）『津田塾大学一〇〇年史　資料編』一〇八頁。
（12）中村千代松（木公）『実地精査　女子遊学便覧』（女子文壇社、一九〇六）三七頁。
（13）例えば、梅子の開校式式辞。英文原稿は津田塾大学一〇〇年史編纂委員会（編）『津田塾大学一〇〇年史』六七―七〇頁に再録。邦訳は津田塾大学（編）『津田梅子文書　改訂版』一―四頁に所収。
　梅子の教育スタンスについては以下の論考も参照。ママトクロヴァ・ニルファル「初期の女子英学塾における教授法に関する一考察――津田梅子の目指した高等教育」『早稲田大学教育学会紀要』一二号（二〇一一）七九―八六頁、同「津田梅子の日本女性像――女性英学塾創設の背景をめぐる検証」『アジア教育史研究』三〇巻（二〇二一）二七―四一頁。
（14）『津田塾大学一〇〇年史　資料編』五二頁。

(15)『津田塾大学一〇〇年史』七三頁。
(16)山川菊栄「英学界の先覚者津田先生」『婦人公論』(一九二九年一〇月号)、同『山川菊栄集 8 このひとびと』(岩波書店、一九八二)一六九—一七八頁に再録、引用は一七一頁。
(17)同『おんな二代の記』(東洋文庫二〇三)(平凡社、一九七二)一三一—一三三頁。川本静子「山川菊栄——婦人解放論のパイオニア」川本ほか『津田梅子の娘たち』二八—三五頁も参照。
(18)星野あい『小伝』(大空社、一九九〇)二〇—二一頁。
(19)同「一教師の歩み——学生と共に四〇年」『政界往来』二一巻・一号(一九五五)一七八—一八一頁、引用は一七八頁。
(20)吉川『津田梅子』(一九九〇)二六九頁。
(21)山川『山川菊栄集 8』一七四頁。
(22)同『おんな二代の記』一三八頁。
(23)同『山川菊栄集 8』一七四頁。
(24)前掲書、一七七頁。
(25)吉川『津田梅子』(一九九〇)二七〇頁。
(26)神近市子『神近市子自伝——わが愛わが闘い』(講談社、一九七二)、平塚らいてう『元始、女性は太陽であった 下』(大月書店、一九七一)三九九—四〇〇頁。
(27)辻マツを強く推薦したのは新渡戸と見られる。辻は後に津田英学塾初代理事長となる。『津田塾大学一〇〇年史』一二〇—一二四頁。
(28)日本のパンデミックの状況の記録として、内務省衛生局(編)『流行性感冒「スペイン風邪」大流行の記録』(東洋文庫七七八)(平凡社、二〇〇八)がある。
(29)久野『鹿鳴館の貴婦人大山捨松』三二七—三二九頁。捨松の感染は第一回の流行時であった。
(30)日記の英語原文は吉川『津田梅子』(一九三〇)二四〇頁に再録。翻訳は川本静子「はじめに」川本ほか『津田梅子の娘たち』一四頁に依拠し、筆者が一部改変した。

(31) 川本ほか『津田梅子の娘たち』一四―一五頁。
(32) 梅子の病気観については、末木節子「津田梅子の病気観」『綜合看護』三六巻・二号(二〇〇一)五一―五七頁。
(33) 梅子が稲村ヶ崎に別荘を建てたのは一九〇七(明治四〇)年頃と見られる。梅子の死後、塾関係者がこの別荘を利用していた。女子英学塾教授の山田琴(一八八三―一九七三)はこの別荘番を兼ねていたが、ある時ここで西田幾多郎(一八七〇―一九四五)と初めて出会い後に結婚した。津田『津田仙の親族たち』三七―三九頁、吉川『津田梅子』(一九三〇)二四一頁、上田久『西田幾多郎の妻』(南窓社、一九八六)四六―六四頁。
(34) 山川『山川菊栄集 8』一七六頁。山川菊栄一家は一九二六(昭和元)年一一月から稲村ヶ崎で借家住まいをしたが、翌年五月に近くに自宅を新築して移り住んだ。山川菊栄『山川菊栄集 4 無産階級の婦人運動』(岩波書店、一九八二)巻末年表、津田『津田仙の親族たち』三八―三九頁。
(35) 山川『山川菊栄集 4』、一七七―一七八頁。

# 第五章　塾から大学へ

［津田梅子］女史ガ原《もと》、生物学ヲ専攻シ、自然科学ニ興味ヲ有シ、日常自然ノ観察ニ学生ヲ誘導セラレタル事実ニ徴スレバ、新学科ノ増設ガ同女史ノ意志並ニ本塾従来ノ経営方針ニ背馳スルモノニ非ザルコトハ、自ラ明ラナカルベシト信ズ。

――「津田英学塾将来ノ事業方針ニ関スル審議委員会答申書」一九四二年

［津田塾の］堅実な学風の下に優秀にして特徴ある理科を建設し、この方面の才能に恵まれた幾多の若い女性のために進学の道を拓き、日本女性の向上を計り以て国家の要望に応えむとの輝かしい希望に燃えて、この決戦を迎え得ます事は何といふ大きい喜で御座ませう。

――星野あい「新学科増設について」一九四三年

国内態勢強化に伴ひ女子教育の重要性は更に百歩をすゝめました。女学校、中学校、師範学校の理科教師、各種科学研究所研究員、助手等々への女子科学者の進出は必須です。

――藤田たき「理科近況」一九四三年

津田梅子という「ひと粒の種子」から生まれた多くの木が育ち、さまざまな花や実をつけた(1)。その一人、星野あいは、梅子が塾の将来を最も託した直弟子であった。梅子より二〇歳下であった。第二次世界大戦下、英語教育が存亡の危機に見舞われた時期に理科の創設によって学校を存続させ、戦後は新制・津田塾大学の初代学長として活躍した。本章では、若き星野が梅子と同じブリンマー大学に留学して、何を見て何を学んだかを探る。そしてその体験が、塾での教育と運営にどのような影響を与え、戦後の新制大学創設にいたったかを検証する(2)。

## 星野あいとブリンマー留学

星野あいは群馬県出身で沼田小学校の尋常科四年・高等科四年を終えた後、兄が教師をしていた横浜のフェリス和英女学校（一八七〇年創立のミッションスクール、現フェリス女学院大学）で五年間学んだ。満一二歳の時に受洗した。学校では毎日聖書の時間があったが、上級になると英語で聖書の授業を受けた。さらに勉強を続けたいという気持ちが募り、フェリスの先輩の勧めで女子英学塾を受験することにした。一九〇四（明治三七）年の夏、入学試験の問い合わせのため塾を訪れた時のことが、星野の自伝にこう書かれている。

そのころ塾では後醍院さんというまことに古風な名の事務員さんが庶務万端の処理をしておられ

ました。後醍院さんの返事では入学試験には英語、国語、漢文、数学に、生物として植物か動物のどちらかがあるということでした。英語はフェリスで相当鍛えられましたので大丈夫と思いましたが、数学と生物は全く自信がなく、休み中はこの二学課の勉強に主力を注ぎました。

ところが、九月、入学試験を受けてみますと、英語、国語、漢文の三つがあっただけでした。国語と漢文とは簡単でしたが、さすがに英語は念を入れた試験でした。(3)

事務職員がなぜ入学試験科目を間違えたのかは不明だが、そのお陰で短期間ながらも数学や生物を必死に勉強したことが、後の星野の人生における選択肢に何らかの影響を与えることになるとは考えてもいなかったであろう。

合格した星野は、文法と歴史だけは一年のクラスに出るという条件で二年に編入学が認められた。歴史はアメリカ留学から帰国したばかりの河合道(一八七七—一九五三)から英語で習った。河合は梅子がアメリカで寄付金を募って創設した日本婦人米国奨学金(American Scholarship for Japanese Women)でブリンマー大学に留学し、帰国とともに塾の教師となっていた。星野によれば、「当時の河合先生はすばらしいご洋装で、その颯爽としたお姿や、熱のこもった教授ぶりなど塾生の人気の的でした」(4)。河合の人望が厚かったことは、一九二九(昭和四)年に恵泉女学園を設立する際、英学塾の教え子たちが中心になって「小さき弟子の群れ」という維持会を組織し、募金活動を行って支援したことからもわかる。(5)

一九〇六（明治三九）年に塾を卒業した星野は静岡英和学校の教師として赴任し、英語を、そして時には数学を教えた。一学期たったところで、梅子の勧めで九月から日本婦人米国奨学金でブリンマー大学に留学することになった。これは梅子が星野の才能を高く評価していたことの証左であった。この奨学金の最初の受領者はフェリス出身の松田道（ブリンマー大学、留学期間一八九三―九九年、後に同志社女子専門学校長）、二人目が前述の河合道（同、一八九八―一九〇四年、後に恵泉女学園設立者）、三人目は鈴木歌子（同、一九〇四―〇六年、後に女子学習院教授）で、星野は四人目であった。(6) ブリンマー大学留学の条件として入学試験に合格する必要があったため、アメリカに着いてから最初の二年間は予備校に通って英語、数学、歴史、理科などの受験勉強をじっくりした。

入学試験の本番では、数学の試験で幾何の問題の解き方が他の受験生と違っていてユニークだったことが数学教授のシャルロッテ・スコット（Charlotte Angas Scott, 一八五八―一九三一）の注目を惹いた。スコットはイギリス出身の女性数学者で、数学科の初代学科長を務めていた。星野に数学の才能があると見込んで、入学後はぜひ数学の勉強をさらにするように勧めた。星野はあまり気が進まなかったが、一年次に三角法と方程式論、二年次に行列幾何の科目を履修した。しかし、結局ついて行けないと判断し、それ以上数学関係の科目を受講するのをやめた。星野はこの顛末を「入学試験が生んだとんだ悲喜劇」と述懐している。(7)

入学したのは一九〇八（明治四一）年一〇月だった。当時のブリンマー大学の学長は、梅子の学生時代に学部長だったケアリー・トマスであった。トマスについて星野はこう書いている。

およそ家庭的というタイプからは遠く、女だからといって料理、裁縫などを学習で習う必要はなく、学問研究に熱を入れさえすればいい、絶対に男女平等でなければならないということをしきりに主張した方でした。high brow と申しますか、ブリンマーの学生は恐ろしいなどといわれたのもこうした学長の考えが反映していたためと思います。(8)

ブリンマーでは学部学生は二年間の教養課程を終えた後、二つの専攻分野（major）を決定することが義務づけられていた。英文学を専攻することも勧められたが、星野は生物学と化学を専攻した。星野はこう振り返っている。

わたしは別に津田先生に従ったというわけでもありませんが、大量の読書に恐れをなしてというのでしょうか、生物学と化学とを選びました。従ってあとの二年間の生活は図書館にとって代って実験室が勉強の中心になりました。みみずの解剖から始めて、やがて兎や羊の解剖に至ったこの生活もまた貴重な勉強であったと思っております。専攻科目以外の選択科目はみな英文学を選びました。(9)

「大量の読書に恐れをなして」生物学と化学を選んだとあるが、それまで星野が理系の学問に馴染ん

図5・1　ブリンマー大学での星野あい（最後列右から2人目）．1912年卒業のクラス．Bryn Mawr College Library Special Collections.

できたことを考えると、主体的な選択といってもおかしくないであろう。ブリンマー大学に保管されている星野の履修記録によれば、自然科学分野では二年次にマイナー科目の物理学、三年次にマイナー科目の化学とメジャー科目の生物学、四年次にメジャー科目の化学を履修している。これらはすべて講義（前期）と実験（後期）がセットになった通年科目である（マイナー科目、メジャー科目については第二章参照）。理系以外の履修科目は、英文学史、文法、朗読（以上一・二年）、ドイツ語（三年）、哲学、心理学、シェークスピア講読（以上、四年）などであった[10]（図5・1）。

当時のブリンマー大学の生物学科の教授陣の顔ぶれは、梅子のいた二〇年前とは大きく変わっていた[11]。ただ一人ウォーレンが生理学の助教授として残っていたが、学科の中心的人物は教授のデイヴィッド・テネント（David Hilt Tennent, 一八七三―一九四一）であった。星野は三年次に彼のメジャー科目の生物学を履修した。テネントはジョンズ・ホプキンス大学のウィリアム・ブルックスの弟子で、後に二度来日し東京帝国大学の三崎臨海実験所でフィールドワークを行っている。一九二三（大正一二）年夏の最初の来日時に関東大震災に遭い、魚介類の標本やノートを失うという体験もした[12]。

教授陣にはこのほか、植物学の実験助手（Demonstrator）のハリオット・ランドルフ（Harriet Randolph）、それに染色体の性決定の研究（Y染色体の発見）で知られる遺伝学者のネッティ・スティーヴンス（Nettie Maria Stevens, 一八六一―一九一二）が研究員（Associate）として所属していた。後者はかつてモーガンが指導したブリンマーの学生であったが、星野の卒業の直前に乳がんのため他界した[13]。

梅子はブリンマー大学に特別生の身分で在学していたので、学部生の星野のように二つの専攻を選択する義務はなかった。そのため、生物学の専門科目をかえって集中的に多数履修することができた。星野の履修がメジャー科目のみで、より専門的なポスト・メジャー科目まで履修しないで卒業したこととも梅子の場合と大きく異なる。モーガンとのカエルの発生学的研究はポスト・メジャー科目で行われたものであった。梅子はウッズホールでの夏期講座にも参加したし、ブリンマーでは実験助手まで務めている。こうしてみると、梅子が受けた生物学の教育がいかに専門的・本格的なものであったかがよくわかる。これに対して、星野は生物学・化学の研究者としての訓練は受けなかったのである。

とはいえ、星野のブリンマー留学は、梅子のブリンマー留学の「追体験」になった。アメリカにおける女性の科学教育の実態を知り、後の塾の理科創設に繋がる貴重な原体験となったことは間違いないだろう。

星野は一九一二（大正元）年夏に学士号（Bachelor of Arts, B.A.）を取得して帰国し、九月から女子英学塾で教えることになった。英語と英文学を担当したが、生物学も教える機会があったことを自伝に書いている。

こうしてどうにかわたしの教師生活も軌道に乗ってきましたが、そのうち先生方の手が足りないためもあって、津田先生からあれも教えろ、これも教えろと無理難題を仰せつけられたのには、ほとほと困りました。米国で勉強もして来なかった聖書、英国史、言語学史まで教えさせられました。生物を専攻したのだから生理は教えられるでしょうと、これまた難題でしたが、わたしは生理はとても無理だからと断り、生物を当時の予科だか別科だかに教えたことがあります。(14)

また、次のようなエピソードも紹介している。

その生物学の授業の最中に新渡戸先生がふいにニュッと入っていらしたことがあります。わたしはこれ幸いと先生に壇上に立っていただくようお願いしましたところ、先生は即座に黒板に頭蓋骨の絵をお描きになって白色人種と有色人種の頭蓋骨の違いを説明なさったのには、さすが博学の先生であると感じ入ったことでした。(15)

新渡戸はもともと農学の研究者であり、生物学や人口論にも造詣が深かった。

一九一〇年代の女子英学塾の正規の授業科目には「生物学」はなかった。したがって、星野は実修科の「生理」の授業を生物学で代用したものと考えられる。実修科の元の名称は家政科で、梅子の希望で設けられた。ブリンマー大学のトマスの考えとは異なり、梅子が家事教育を重視していたことの表れである。(16)家政科は専門学校令のいわゆる「別科」として認可を受け、一九〇九（明治四二）年四月に新設された。ボストンのシモンズ大学（Simmons College）で化学や家政学を修めて帰国した第一回卒業生の川島芳子（一八七五生）がその主任を務めた。修業年限は二年間で、英語を主とするが、ほかに簿記・衛生・生理・割烹などの科目を設けた。実修科と名称変更したのは一九一二（大正元）年である。しかし、生徒数が少なかったために一九一九（大正八）年度に廃止された。(17)

一九一七（大正六）年五月に梅子は病に倒れたが、その翌年、梅子はおそらく星野を後継者にと真剣に考え、星野に再度のアメリカ留学を勧めた。一年間ニューヨークのコロンビア大学大学院のティーチャーズ・カレッジ（Teachers College）に学び教育学の修士号（Master of Arts, M. A.）を取得して一九一九（大正八）年九月に帰国した。

帰国後の星野には多忙で多難な道のりが待ち受けていた。辻塾長代理の下で教頭を務め（図5・2）、

図5・2　病床の津田梅子が塾を訪問した時の写真．1924（大正13）年10月3日．関東大震災から1年を経て，五番町仮校舎の前で．前列右から，山田琴（後の西田幾多郎夫人），蟹江操，星野あい，津田梅子，辻マツ（塾長代理）．後列右から吉川利一，中桐確太郎（教育学・倫理学），4人目が粕谷よし（後に津田塾大学第2代学長），7人目がルース・レイ・タムソン．津田塾大学津田梅子資料室所蔵．

図5・3　塾長代理就任時の星野あい．津田塾大学津田梅子資料室所蔵．

図5・4　完成直後の新校舎．女子英学塾は1931（昭和6）年に校地を五番町から小平に移転，1933（昭和8）年に津田英学塾と名称変更した．津田塾大学津田梅子資料室所蔵．

一九二五（大正一四）年には塾長代理となり（図5・3）、一九二九（昭和四）年、梅子の死後は第二代塾長に就任、一九三一（昭和六）年の校地の小平移転（図5・4）、一九三三（昭和八）年の財団法人化と津田英学塾への校名変更、太平洋戦争中の理科増設を経て、戦後の津田塾大学創設、初代学長就任へと続く。星野の理科増設への道については次節でくわしく検討する。

### 戦時下の理科創設

何度か提唱された女子専門学校の大学昇格構想も前章で見たような反対論に押され実現することはなかった。こうして、戦前期の女子の高等教育の場は官立の女子高等師範学校もしくは、私学を中心とした専門学校に限定された。この文脈の中で女子の専門学校は着実に増えていった。明治期に認可された女子専門学校は女子英学塾のほか七校であったが[18]、大正期に入ると設立ラッシュを迎え、新たに一六校が誕生した[19]。専門学校の問題点の一つは、卒業生が中等教育教員の免状を与えられ教職につく資格は得られたものの、国文科、英文科、家政科などの学科に集中しており、数学、物理、化学、生物などの理科系統の教員養成は、女子高等師範学校（東京・奈良）に譲らなければならなかったことである[20]。専門学校で理数系の教育を行ったのは、医薬系の学校を別とすれば日本女子大学校（家政学部、教育学部）と東京女子大学（数学専攻部）くらいであった。両校は「大学」という名称が付いても大学令（一九一八年公布）による「大学」とは認められず、専門学校令で定める「専門学校」とされた。

帝国女子医学薬学専門学校（一九三〇年に帝国女子医専を改称）の創立者、額田《ぬかだ》豊（一八七八―一九七二）は、かねてよりわが国の女性の「自然科学的知識の培養発達」が緊要と考え、女子高等師範学校に優るとも劣らない科学の専門学校を創設しようという構想をもって、文部省に何度も申請の折衝をした。ところが額田によれば、文部官僚は「科学的な頭なんか女子にある筈がない」「女子に理学の勉強などさせたら、女らしさを失ってしまう」「志願者も恐らくないだろう」と、全く聞く耳をもたなかったという[21]。

こうした状況を一変させたのが太平洋戦争であった。あれほど女子の科学教育に否定的だった文部当局の方針が一転したのである。多くの男性が戦地に出征したことから、中等学校の理科教員や科学者の不足が生じ、女子の専門学校における科学教育が一気に推奨された。一九四三（昭和一八）年一〇月、その主旨を含意する「教育ニ関スル戦時非常措置方策」が閣議決定されるにいたり、全国の女子専門学校が理系の専攻をにわかに新設する[22]。

実際には閣議決定の数年前から、文部省は方針転換をしていて、額田が久しく申請していた帝国女子理学専門学校が、他に先駆けて認可され、一九四一（昭和一六）年に開校した。同校は、数学科、物理学科、化学科、生物学科からなる、日本初の女性のための独立した科学の専門学校となった[23]。

津田英学塾の理科増設もこの時代の流れの一つにあったと位置づけられるが、ある事情から塾はすでに新学科の増設を余儀なくされる状況にあった。太平洋戦争に突入する頃、一つの困難に立ち向かわなければならなかった。塾長の星野あいは戦後次のように回顧している。

［その困難とは］外国語、特に英語教育に対する当局の近視眼的態度とそれに同調する一般社会の無定見であつた。津田は創立の当初から英語、英文学を主とする専門学校で、この専門については他校の追随を許さぬとの気概を皆持つて居た。ところが英米その他の英語を国語とする諸国との関係が悪化の一路を辿り、遂に開戦となるころには英文科を持つ多くの専門学校がこれを他の学科に変更しなければならなくなつた。又一般社会の人々も、この方針を是とし、その子弟に英語を学ばせる事を恐れかつ遠慮する様になつた。

文部省は津田に対してはさすがに英文科を廃止せよとはいわなかつたが、学生はあらゆる角度から社会の圧迫を感ぜずには居られなかつた。ある時一人の学生が塾長室に駆け込んで来て涙ながらに訴えた事は、登校の電車中で英語の本を読んで居たところ、一人の男が前に来てその本をひつたくり、いま時こんなものを読む奴があるから日本は戦争に勝てないのだと人々の前で面罵されたというのである。(24)

英語は敵性語とされ、全国の高等女学校ではすでに英語が必修から外されて随意科目となり、さらには廃止の方向へ向かっていた。このような状況下で、英語教員の採用は激減し、塾の学生数も年々減る一方であった。思い余った星野は、一九四〇（昭和一五）年に文部大臣に就任した橋田邦彦（一八八二―一九四五）を直接訪ね、戦争がどのように激しくなっても英語教育はやはり必要であることを訴えた。(25)とはいえ、受験者の激減、それに伴う在籍学生数の減少はどうしようもなかった。

星野は、「もともとわたしは英語だけを教えている学校というのはいささか変態で、他の諸学科を合わせ持つ学校に育てたいという希望を古くから持っておりました」と振り返る。(26)過去には、既述のように家政科（後に実修科）が設けられたが廃止され、また「商科」「哲学科（人文科）」「国文科」が構想されたことがあったがことごとく実現しなかった。事は重大なため、一九四二（昭和一七）年夏、星野は理事、評議員（元東北帝国大学総長・工業化学会会長の応用化学者・井上仁吉を含む）、同窓会役員、塾関係者（星野を含む）の一五人の委員からなる審議委員会を組織し、塾の将来の発展についてあらゆる方面から検討した。日本の女子専門学校の専攻についても調査した。その結果、星野によれば、「日本の婦人に目下一番欠けて居るのは理科系の教育である事、故に津田はこの際、万難を排して小さくとも堅実な理科を増設することが最も望ましいとの結論に達した」[27]。起死回生の一手が理科増設であった。ここでいう「理科」とは科学を教育する組織の名称であり、大学でいえば「理学部」に相当するものと考えてよい。

同年九月五日に理事会に提出された委員会の答申書には、「理科ニハ数学科、生物学科、物理化学科、地質鉱物学科等ノ諸学科ヲ置クモノトス」と、理科に四学科の設置が構想されていた。増設理由として、津田前塾長がもともと「生物学ヲ専攻シ、自然科学ニ興味ヲ有シ、日常自然ノ観察ニ学生ヲ誘導セラレタル事実ニ徴スレバ、新学科ノ増設ガ同女史ノ意志並ニ本塾従来ノ経営方針ニ背馳スルモノニ非ザルコトハ、自ラ明ラカナルベシト信ズ」と書かれている。この確信こそが、梅子とともにブリンマーで科学を専攻した経験をもつ星野の英断を決定づけたことは間違いない。「科学は男の学問」といった社会通念を打破し、この好機に女性たちに科学への道を拓きたいという執念に燃えたことは想像に難くない。そして「文部当局ノ意向ニ依レバ、理科系統ノ諸学科ノ設置ハ、時局下大体之ヲ許可スル方針ナルガ如シ」と書かれており、塾側はすでに文部省の新方針の情報を掴んでおり、まさに時宜にかなった決定であった[28]。

答申書を受けて、臨時理事会での審議、そして学内での最終検討の結果、理科を数学科、物理化学科（ここでいう物理化学とは「物理学と化学」の意味で、化学の一分野としての物理化学ではない）の二学科に絞ることに決定された。この段階で生物学科と地質鉱物学科の二学科がなぜ除外されたかを示す文書証拠はないが、設備や資金や人員の問題もあったと考えられる。ただし、物理化学科のカリキュラムの中に、生物学（一年次）、生理学（一年次）、地質鉱物学（二年次）の授業科目が盛り込まれた（表5・2参照）。

設立前から系列校に医学・薬学の教育設備と教員を有した帝国女子理学専門学校とは対照的に、英語学校に理科を開設することは、無から有を生じさせるような労苦を伴った。娘を津田塾に入学させたことのある（在学中に死亡）東京帝国大学名誉教授の松原行一（一八七一―一九五五、化学）と彼の弟子の東京高等師範学校教授の武原熊吉（一八八三―一九五七、化学）から、理科教室、化学実験室、その他の設備について細部にいたるまでの助言を仰いだ。「文科系の学科とは異り、設備を整えるのが大きな苦労でした。武蔵野の林の奥にはガス設備ももちろんありません。ますガス発生器から購入しなければならない始末です」と星野は振り返る[29]。戦時下、顕微鏡、天秤、その他必要な機械、器具は買い入れに先立って複雑な手続きを要した。文部省からは、これらの必要な機材の入手見込みが確実となるまでは認可しがたいとの意見を受けていたため、増設が認可されるまでの苦労は大変なものだったという。資金面は同窓会の募金で賄った。また、松原の働きかけで、九州帝国大学名誉教授の桑木或雄《あやお》（一八七八―一九四五）が理科主任として就任することになった。理科増設を機に校名も、津田英学塾から津田塾専門学校と改めることとなった。英文学科は残されたが、校名から「英学」の文字が外されたのである。その英文学科も一九四四（昭和一九）年三月に外国語学科に改称される。

理科増設の認可が正式に下りたのは一九四三（昭和一八）年一月であった。同年二月の同窓会会報

表 5・1　津田塾専門学校理科・数学科・課程表．1943（昭和 18）年．

| 学科目 | 第 1 学年 毎週時数 | | 第 2 学年 毎週時数 | | 第 3 学年 毎週時数 | | 第 4 学年 毎週時数 | |
|---|---|---|---|---|---|---|---|---|
| 修身 | 実践道徳 | 1 | 国民道徳 | 1 | 西洋倫理学 | 1 | 東洋倫理学 | 1 |
| 公民科 | 公民科 | 1 | | | | | | |
| 教育学 | | | 教育史 | 1 | 教育学 | 2 | 教授法及実習 | 2 |
| 心理学 | | | 心理学 | 2 | | | | |
| 数学 | 算術<br>代数学<br>幾何学<br>三角法 | 14 | 代数学<br>幾何学<br>解析幾何学<br>平面球面三角法<br>微分積分学 | 15 | 解析幾何学<br>微分積分学<br>微分方程式<br>演習 | 15 | 高等代数学及数論<br>微分積分学<br>函数論初歩<br>演習<br>統計数学<br>数学雑論 | 16 |
| 物理学 | | | 物理学 | 3 | 物理学<br>実験 | 4 | 物理学<br>実験<br>力学 | 6 |
| 化学 | | | | | 化学 | 2 | | |
| 生理学 | 生理学 | 1 | | | | | | |
| 衛生学 | | | | | | | 衛生学 | 1 |
| 国語 | 講読 | 2 | | | | | | |
| 英語 | 講読 | 5 | 講読 | 4 | 講読 | 4 | 講読 | 2 |
| 第 2 外国語 | | | 講読 | (2) | 講読 | (2) | 講読 | (2) |
| 時事問題 | 時事問題 | 1 | | | | | | |
| 唱歌 | 唱歌 | 1 | | | | | | |
| 体操 | 体操 | 2 | 体操 | 2 | 体操 | 2 | 体操 | 2 |
| 計 | | 28 | | 28<br>(2) | | 30<br>(2) | | 30<br>(2) |

備考　第 2 外国語ハ選択科目トス

出典：『津田塾大学 100 年史　資料編』（2003）77-78 頁．

表5・2　津田塾専門学校理科・物理化学科・課程表. 1943（昭和18）年.

| 学科目 | 第1学年 毎週時数 | | 第2学年 毎週時数 | | 第3学年 毎週時数 | | 第4学年 毎週時数 | |
|---|---|---|---|---|---|---|---|---|
| 修身 | 実践道徳 | 1 | 国民道徳 | 1 | 西洋倫理学 | 1 | 東洋倫理学 | 1 |
| 公民科 | 公民科 | 1 | | | | | | |
| 教育学 | | | 教育史 | 1 | 教育学 | 2 | 教授法及実習 | 2 |
| 心理学 | | | 心理学 | 2 | | | | |
| 物理学 | 物理学通論 | 3 | 物理学各論<br>天体物理学 | 5 | 物理学各論<br>地球物理学<br>実験 | 8 | 物理学各論<br>力学<br>実験 | 11 |
| 化学 | 化学通論 | 3 | 化学各論 | 3 | 化学各論<br>実験 | 7 | 化学各論<br>理論化学<br>実験<br>特別講義 | 9 |
| 数学 | 代数学<br>幾何学<br>三角法 | 6 | 代数学<br>幾何学<br>解析幾何学<br>微分積分学<br>図学 | 10 | 解析幾何学<br>微分積分学<br>微分方程式 | 6 | 函数論初歩<br>統計数学 | 2 |
| 生物学 | 生物学 | 2 | | | | | | |
| 地質鉱物学 | | | 地質鉱物学 | 2 | | | | |
| 生理学 | 生理学 | 1 | | | | | | |
| 衛生学 | | | | | | | 衛生学 | 1 |
| 国語 | 講読 | 2 | | | | | | |
| 英語 | 講読 | 5 | 講読 | 4 | 講読 | 4 | 講読 | 2 |
| 第2外国語 | | | 講読 | (2) | 講読 | (2) | 講読 | (2) |
| 時事問題 | 時事問題 | 1 | | | | | | |
| 唱歌 | 唱歌 | 1 | | | | | | |
| 体操 | 体操 | 2 | 体操 | 2 | 体操 | 2 | 体操 | 2 |
| 計 | | 28 | | 30<br>(2) | | 30<br>(2) | | 30<br>(2) |

備考　第2外国語ハ選択科目トス

出典：『津田塾大学100年史　資料編』(2003) 78-79頁.

で星野は、津田塾の「堅実な学風の下に優秀にして特徴ある理科を建設し、この方面の才能に恵まれた幾多の若い女性のために進学の道を拓き、日本女性の向上を計り以て国家の要望に応えむとの輝かしい希望に燃えて、この決戦を迎え得ます事は何といふ大きい喜で御座ませう」と報告した(30)。

理科は同年四月に新入生を迎え、授業を開始した。修業年限は四年であった。初年度の志願者は数学科六二名、物理化学科九九名で、入学試験（試験科目は数学と国語で、英語は除かれた）の結果、数学科二六名、物理化学科三二名の入学が許可された(31)。新入生の中には、女学校の数学教師をしている四〇代の女性、京都帝国大学の宇宙物理学教室に長年勤務していた女性、遠くハルビン、大連、台湾からやってきた生徒たちも含まれていた(32)。理科の担任の藤田たき（一八九八―一九九三、後に津田塾大学第三代学長）は同年一二月の同窓会会報に「理科近況」と題する記事を書き、「国内態勢強化に伴ひ女子教育の重要性は更に百歩をすゝめました。女学校、中学校、師範学校の理科教師、各種科学研究所研究員、助手等々への女子科学者の進出は必須です。（中略）津田理科の責任や重且つ大であります」と締めくくっている(33)。

開校時の教員組織と担当科目は、数学解析（黒田孝郎《たかお》、東京物理学校教授）、代数学（大井光四郎、東京帝国大学第二工学部講師）、幾何三角（小川潤次郎、陸軍航空技術学校教授）、解析幾何（山崎三郎、成城高等学校教授）、化学通論（武原熊吉、東京高等師範学校教授）、物理学通論（三石巌）、生物学・生理学（古川晴男、日本大学教授）である。この中で、三石巌《いわお》（一九〇一―九七）だけが物理化学科の専任教授で、あとは他に本務校をもつ兼任講師であった。三石は、東京帝国大学物理学科出身で文部省科学官であった菅井準一（一九〇三―八二）の推薦で津田塾に着任した。菅井は文部省の側から理科設立に助力したと見られる。武原熊吉は当時、日本化学会会長の職にあったが、松原行一の推薦で化学の授業を担当した。東京女子高等師範学校教授の林太郎（一九〇三―八八）も一九四四（昭和一九）年から化学の非常勤講師となった。また、東京文理科大学出身の岡嶋正枝（一九一二―八七）が後に化学の専任教授を務めた。[34]入学試験で英語は除かれたが、担任の藤田たきは、「津田で理科を開く上は、原書をどしどし読める科学者をつくり度いのは当然です」として、一年生に週五時間の英語の授業を課した。[35]カリキュラムは東京物理学校（一九一七年に専門学校に認可、後の東京理科大学）のそれに近く、「女子用」の教育課程ではなく、男女のレベル格差のない高品質の教育を行うという方針が貫かれた（表5・1、表5・2参照）。[36]

理科全体の主任を務めた桑木彧雄は九州帝国大学工学部教授、松本高等学校長を経て津田塾に着任した。彼はアルベルト・アインシュタイン（Albert Einstein, 一八七九―一九五五）と古くから親しく、相対性理論の日本への紹介者としても知られていた（図5・5）。また、物理学者であるとともに科学史家・哲学者でもあった。授業は担当しておらず、一九四五（昭和二〇）年五月に急逝するまで短期間ではあったが、主任の立場から理科の基礎づくりに尽力した。東京物理学校教授の黒田孝郎（一九一二―九一）は、桑木の招きで数学を担当することになった。[37]

草創期の理科関係者の顔ぶれを見ると、科学史に関心をもつ者が多く、その学会関係者がかなりいたことがわかる。日本科学史学会は、科学史家でもある菅井らの働きかけで一九四一（昭和一六）年

図5・5 アインシュタイン夫妻来日時の桑木彧雄（前列左から２番目）．九州帝国大学で1922（大正11）年12月．桑木は理科で授業は担当しなかったが，課外に学生たちにアインシュタインの話を聴かせることもあった．九州大学大学文書館提供．

四月に創設された。桑木は同会の初代会長、菅井は常務顧問、松原行一は顧問、古川晴夫は幹事を務めた(38)。同年一二月に創刊された機関誌『科学史研究』には、桑木が「科学史の研究」、古川が「『シーボルト研究』への補遺」という論考を寄稿している(39)。黒田は数学者であるとともに数学史家でもあり、戦後、同会の第七代会長を務めている。三石も科学史に造詣が深く、多数の科学史書や科学者の伝記を著している。科学史に関わるこうした人脈が津田塾理科の人事にも影響していたことが考えられる。当然、彼らの授業には科学史に関する題材がしばしば含まれていた。

教育が開始する一方で、戦況は悪化の一途をたどっていた。一九四四（昭和一

図5・6　軍需工場となった学校で作業する学生．塾は学生が学外の工場に動員されるより安全であることと，作業の合間に授業時間がとれるようにと考え，小平の学内の施設（体育館と生徒室）を提供して工場を開設した．1944（昭和19）年．
津田塾大学津田梅子資料室所蔵．

九）年から修業年限は三年に短縮され、学生たちは校内に設けられた日立航空機の工場で戦闘機の部品造りの勤労動員に振り向けられた（図5・6）。また、理科の一回生と二回生の百数十名は文部省電波物理研究所の戦時研究の一つであった通信（電波の伝搬）に関する計算作業を受けもたされた[40]。その合間を縫って学校の勉強をするという日々が続いた。そして一九四五（昭和二〇）年八月一五日の終戦を迎える。寮の食堂に教職員、学生全員が集まり、ラジオから流れる終戦の詔勅を聞いた後、呆然とする学生たちを前に星野が発した第一声は、「さあ皆さん、勉強しましょう。今までできなかった分も取り戻しましょう」であった[41]。

終戦直後の混乱期を経て、授業が本来の軌道に乗り始めたのはそれから一年後であった（図5・7、図5・8、図5・9）。新教育制度の下に

図5・7　星野あい（前列中央）と理科一回生の卒業時．1947（昭和22）年．食糧難の大変な時期であったが，皆の表情から平和な日常が戻ってきたことの安堵感が見て取れる．前列左端が吉村（小出）証子，その右が佐藤公子．後列右から5人目が粕谷よし．津田塾大学津田梅子資料室所蔵．

津田塾大学が発足した一九四八（昭和二三）年、津田塾専門学校理科は同年入学の五回生をもってその扉を閉じた。

「真の大学」へ

終戦の翌年、日本の教育再建のため、連合国総司令部（General Headquarters, GHQ）の要請で、アメリカから二七名の教育専門家からなる米国教育使節団（United States Education Mission to Japan）が一カ月間日本に滞在し精力的に各地を回り、学校訪問や調査をした。日本側はそれを受けて、東京帝国大学総長の南原繁（一八八九―一九七四）を長とする二九名の委員からなる委員会を組織した。星野は河合道とともに二人の女性委員として参加した。使節団との会合で、星野は「日本においては女子教育がいままでどれほど継子扱いにされて来たか、

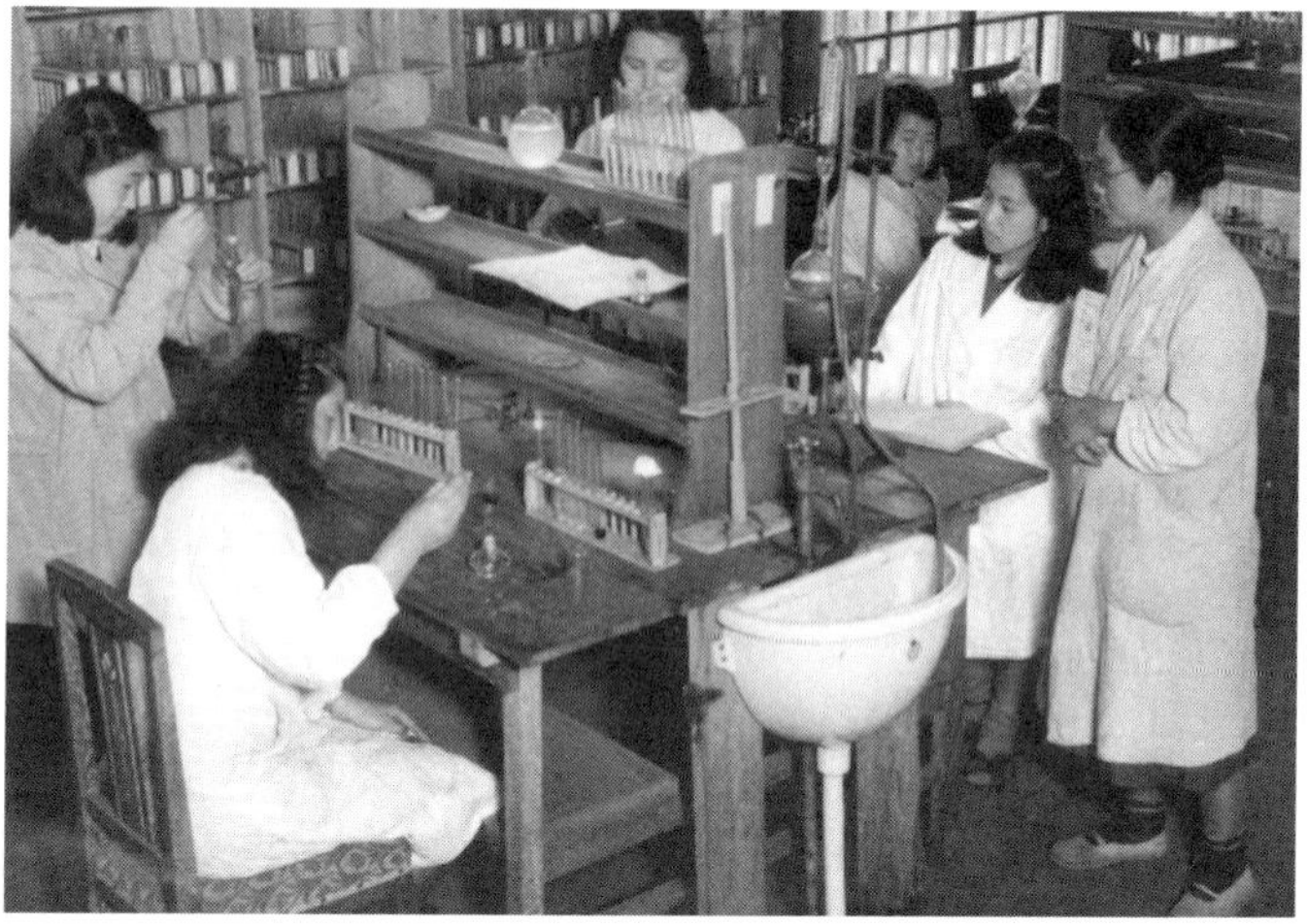

図5・8　化学実験の様子．戦後間もなくの写真．理科第2回の卒業アルバム（1948）より．津田塾大学津田梅子資料室所蔵．

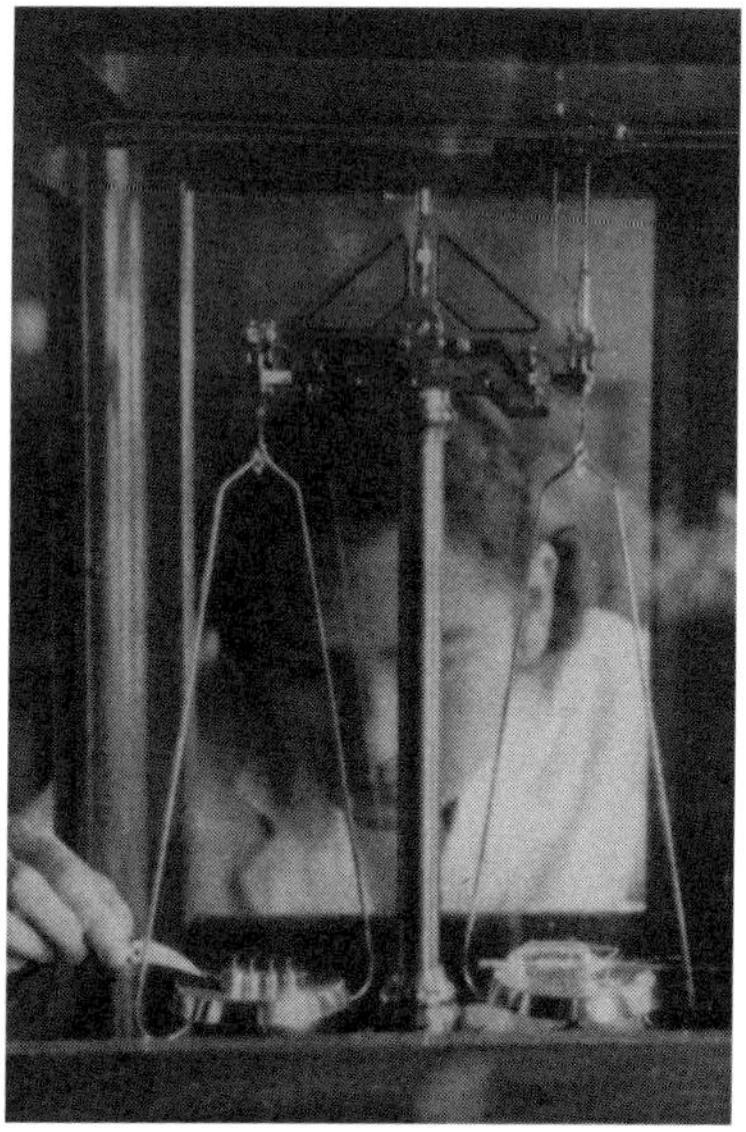

図5・9　天秤を使って秤量する理科の学生．1948（昭和23）年頃．津田塾大学津田梅子資料室所蔵．

文部省は女子教育について理解がなく、私立学校の育成についても冷ややかであったことなど」を発言した[42]。使節団が連合国最高司令官に提出した報告書には、大学増設の提案と、「現在準備が出来ている女子に対し、今ただちに高等教育への進学の自由が与えられなくてはならない」という勧告がなされている[43]。

一九四七（昭和二二）年二月、星野らの主導で、公私の女子専門学校および女子高等師範学校が女子大学連盟を結成し、団結して大学昇格運動を推進した。来日中の連合国総司令部民間情報教育局（Civil Information and Educational Section）顧問のルル・ホームズ（Lulu Holmes, 一八九九—一九七七）がそれをバックアップした。ホームズは星野と同じくコロンビア大学大学院で学んでおり、また一九三四（昭和九）年から一年間、神戸女学院で歴史を講じた経験をもつことから、日本の女子教育の問題について豊富な知識をもっていた。そして、おそらく星野らの意見を踏まえて、自分が日本にいるうちにぜひ、女子大学を設置させたいという意志をもっていた[44]。ホームズの強力な支持は教育局と決定を引き延ばそうとする文部省を動かし、一九四八（昭和二三）年三月に他の女子大学に先駆けて津田塾大学、日本女子大学、東京女子大学、聖心女子大学、神戸女学院大学の四年制大学昇格が認可された。ここに、半世紀を経て津田梅子の「真の大学」の夢が実現したのである。星野は、「少々、強引だったかも知れませんが、過去長年にわたって文部省から冷たくあしらわれたことを考えますと、いまこのときを逸すると、再びどのような憂きめに合わないともかぎらないという不安もあって、わたしどもも設置をいそいだのでした」と振り返っている[45]。

学内の理事会での当初の大学案は、文学部（英文学科、国文学科、史学科）、理学部（数学科、化学科）の二学部五学科を置く女子大学の創設であった。大学設置委員、文部省関係者が来校して審査の結果、英文学科はほぼ全会一致で支持された。一方、数学科は「考慮の余地はある」が、化学科は「まだまだ不十分」という意見を受けた。(46)戦時下の物資不足のおりに設置されたため設備面などの不十分さを問題視されたものと考えられる。

かくして、一九四八（昭和二三）年度から英文学科の大学昇格が最初に認可された。次いで、その翌年度に数学科が増設という形で認められ、二学科からなる学部となった。学部名称は文理学部で申請したところ、拒否され学芸学部として認められた。数学科の認可申請書には、「数学科増設の直接目的は、女子のために数学専攻の道を拓くにあるということはいうまでもないが、従来ともすれば女子が数学の研究に不向きであったという世間の通念を打破し、女性をして数学専攻の志を遂げさせると共に大学としては特に女性に適した方向の研究分野を開拓し、本学独特の学風を発揮したいと考えている」と書かれている。(47)「女性に適した方向の研究分野」が具体的に何を意味するかは明らかではないが、「棲み分け」の考え方が見て取れるのも、当時の状況を考えれば理解できることである。時機が来れば、文面の「数学」を「化学」や「物理学」に置き換えることも可能だったかもしれない。結局、戦時下の津田塾専門学校で萌芽した物理・化学の専門教育は「真の大学」においては再興されることはなかった。それでも数学科が残り、理科の伝統を継承することができた。また、理科の時代に搬入した実験機械類は、新制大学の教養課程の自然科学関係科目の授業に活用された。

津田塾専門学校・物理化学科の第一回卒業生の吉村（小出）証子《あかしこ》（一九二五―七九）は、「新制大学にきりかえのとき、専門学校のなかには、津田の物理化学科と同じように、廃止されたものも多い。新制大学設置基準に合う設備、人員を備えるのが不可能であったり、戦時中やむをえず理数科を作ったところも多かったので、残念には思いながらも喜んでやめたところもあっただろう」と述べている。(48)男子学生で占められていた旧帝国大学・官立大学・私立大学のほとんどは、戦後、共学となり、制度的に女性が男性と平等に入学し勉学できるようになった。逆に、女子専門学校が大学昇格を機に共学になったケースもある。例えば、帝国女子医学薬学専門学校と帝国女子理学専門学校は合併して共学の東邦大学になった。吉村は、制度的には平等でも現実には理系の女性は少数派であり不利益を被る面が少なくないことを考えると、これは女子の教育面からいうと残念なことだと言う。そして「理科系の女子大学がもっとできるといい」と書いている。(49)ジェンダー・バイアスに悩ませられることなく、のびのびと自分の才能を伸ばすことができるのが女子大学のメリットだという考えである。数ある女子大学の中で、戦後、独立した理学部を開設した女子大学は、旧女子高等師範学校のお茶の水女子大学と奈良女子大学、それに日本女子大学だけであった。(50)二一世紀に入って、津田塾大学は学芸学部の中に数学科に加えて情報科学科を設置し、大学院に数学専攻・情報科学専攻からなる理学研究科を設けている。理科の伝統は脈々と受け継がれているのである。

吉村は一九四七（昭和二二）年に津田塾専門学校を卒業し、翌年、東京大学理学部地球物理学科の女子学生第一号として入学した。一九五一（昭和二六）年に卒業するまで、共学とはいえ圧倒的多数

図5・10　津田塾大学学長時代の星野あい．小平キャンパスで．1951（昭和26）年3月．津田塾大学津田梅子資料室所蔵．

の男子学生の中で大学生活を送った女子学生としての体験が上記の言葉を発せさせたのかもしれない。吉村は、子供向けのサイエンス・ライターとして活動する一方、一九五六（昭和三一）年から一八年間、津田塾大学で科学史を講じた。その講義は人気を博し、講堂を使って授業をするほど受講生が集まったという。科学史家を生み出したのも津田塾理科の教育の成果といえよう(51)。

理科の卒業生の多くは就職し、教員になった者、研究職に就いた者が少なからずいた。吉村と同期で寮の部屋も一緒だった佐藤公子（一九二五―二〇一五）は、卒業後、東京工業大学の作井誠太（一九〇六―一九九二）の研究室で工務員・助手を務め、一九六二（昭和三七）年に同大学から「熱間加工の金属組織学的研究」の学位論文で工学博士号を取得した。東京工業大学では初めての女性博士で、全国では六人目の女性の工学博士であった[52]。後に電気通信大学教授として金属工学の研究と教育を続けた。佐藤にとって津田塾理科は研究者への道に進む原点であった[53]。

津田塾大学の初代学長に就任した星野（図5・10）は、一九五一（昭和二六）年、津田塾専門学校の最後の卒業生を見送った。その翌年に学長職を辞し、四〇年間の津田塾での任を終えた。思えば、梅子の後を継いで学校運営に携わった歳月は、苦労の多い道のりであった。英語教育を柱としていた塾が戦時下に存亡の危機に瀕した際、理科創設により乗り越え、戦後の新制女子大学の誕生へとつなげた。ブリンマーでの科学教育の舞台で梅子の留学を「追体験」したことは、星野の新たな確信をもった決断へとつながり、それにより生まれた教育制度が次世代の人材を育てた。星野は退職に際して、「教師の歩み、それは時には茨の道を過ぎる事もあるが、結局こんな生き甲斐のある人生は少ないと思う」と述べた[54]。一九七二（昭和四七）年一二月五日、八七歳の天寿を全うしたが、梅子と同様に生涯独身を貫いた。晩年に詠んだ句に「夫《つま》も子もなき身なれどもわれたのし教え子あまた身近にめぐる」がある[55]。

## 第五章　注

（1）川本ほか『津田梅子の娘たち』は女子英学塾・津田英学塾・津田塾専門学校・津田塾大学の卒業生から四〇名を選んでキャリアを記述している。ママトクロヴァ・ニルファル「女子英学塾における教育実践の成果に関する一考察――津田梅子のねらいと初期卒業生の進路」『早稲田教育評論』二五巻・一号（二〇一一）一〇七―一二五頁、津田塾大学創立一〇〇周年記念誌出版委員会（編）『未知への勇気――受け継がれる津田スピリット』（津田塾同窓会、二〇〇〇）も参照。

（2）星野あいについては、星野『小伝』、同「一教師の歩み」、川本静子「星野あい――『津田先生の学校』を守り抜く」川本ほか『津田梅子の娘たち』一九―二七頁、上田明子「星野あい――嵐の中の三〇年」飯野ほか（編）『津田梅子を支えた人びと』二五九―二七八頁、津田塾理科の歴史を記録する会（編）『女性の自立と科学教育』一四七―一六三頁、植野香雪・佐藤公子・松田久子「星野あい　津田塾存亡の危機を救った人――理科増設決断」『未知への勇気』一九―二一頁、小泉浩一「山河遙か　上州・先人の軌跡　第5部　星野あい一―一〇・番外編」『上毛新聞』二〇〇八年七月一五日―一九日、二一日―二五日、八月五日。

（3）星野『小伝』一九頁。

（4）前掲書、二〇頁。

（5）河合道については、木村恵子『河合道の生涯――光に歩んだ人』（岩波書店、二〇〇二）参照。

（6）日本婦人米国奨学金については、内田道子「メアリ・H・モリス奨学金――日本の女性に梅子と同じ機会を」飯野ほか（編）『津田梅子を支えた人びと』一七七―二〇一頁参照。

（7）星野『小伝』三三頁、Ai Hoshino, Transcript 1908–1912, Bryn Mawr College Library Special Collections.

（8）星野『小伝』四一頁。

（9）前掲書、四三頁。

（10）Hoshino, Transcript 1908–1912.

（11）Bryn Mawr College, *Bryn Mawr College Calendar, 1912*, pp. 173–179.

（12）テネントの生涯と業績については下記参照。Mary S. Gardiner, "David Hilt Tennent, 1873–1941," *National Academy of Sciences Biographical Memoirs*, Vol. XXVI (1951): 98–119. 星野は次のように書いている。「わたしの生物学の先生であったドクタ・テナント Dr. Tennant［ママ］が後年、来日されたとき、日本の近海で集められた珍しい魚介類の資料を関東大震災ですっかり失ってしまわれ、お痛わしい思いがしましたことなど、昔の勉強に関連して忘れ得ぬ思い出の一つです」星野『小伝』四三頁。

（13）スティーヴンスの業績については、Stephen G. Brush, "Nettie M. Stevens and the Discovery of Sex Determination by Chromosomes," *Isis*, vol. 69 (1978): 163-172 参照。

(14) 星野『小伝』五六頁。

(15) 前掲書、五六―五七頁。

(16) 梅子は日本の女性に家政学教育が必要であることを次の記事で論じている。津田梅子「家事教育の必要」『日本乃家庭』一八九五年一二月、津田塾大学(編)『津田梅子文書 改訂版』二二三―二二五頁所収。

(17) 津田塾大学一〇〇年史編纂委員会(編)『津田塾大学一〇〇年史』八五―八六頁。

(18) これらは、日本女子大学校、青山女学院英文専門科、帝国女子専門学校、神戸女学院専門学校、東京女子神学専門学校、同志社女学校専門部、東京女子医学専門学校。

(19) これらは、聖心女学院高等専門学校、東京女子大学、活水女子専門学校、京都女子高等専門学校、東洋女子歯科医学専門学校、東京女子専門学校、梅花女子専門学校、福岡県女子専門学校、日本女子歯科医学専門学校、大阪府女子専門学校、帝国女子薬学専門学校、実践女子専門学校、帝国女子医学専門学校、共立女子専門学校、樟蔭女子専門学校、宮城県女子専門学校。畑中『大正期女子高等教育史の研究』二一六頁。

(20) 村田鈴子『わが国女子高等教育成立過程の研究』(風間書房、一九八〇)五二頁。

(21) 加藤恭亮『東邦大学三十年史』(東邦大学、一九五五)一二五頁、額田豊「理学専門学校設立趣旨の一端」『高峯』一〇巻(一九四二)四―五頁。

(22) 一九四三(昭和一八)年までに理系学科の設置が新たに認可された学校は、帝国女子理学専門学校(新設)、京都府立女子専門学校、女子経済専門学校、津田塾専門学校の四校。一九四四(昭和一九)年以降の認可校は、東京都立女子専門学校、大阪府立女子専門学校、宮城県立女子専門学校、広島県立女子専門学校、福岡県立女子専門学校、樟蔭女子専門学校、大谷女子専門学校(新設)、光華女子専門学校(新設)、岡山清心女子専門学校(新設)、高知県立女子専門学校、鈴峯女子専門学校など。また日本女子大学校の家政科は当初から科学教育を行ってきたが、家政科の中に家政理科(物理化学専攻、生物農芸学専攻)を増設した。津田塾理科の歴史を記録する会(編)『女性の自立と科学教育』二八頁、三六―四一頁。なお、戦時非常措置方策には、「理科系大学及専門学校ハ之ヲ整備拡充スルト共ニ文科系大学及専門学校ノ理科系ヘノ転換ヲ図ル」「女子専門学校ハ(中略)其ノ教育内容ニ付テハ男子ノ職場ニ代ルベキ職業教育ヲ施スガ為ニ所要ノ改正ヲ行フ」とある。国会図書館リサーチ・ナビ「教育ニ関スル戦時非常措置方策」https://rnavi.ndl.go.jp/politics/entry/bib00512.php

(23) 東邦大学理学部五〇周年記念事業委員会（編）『東邦大学理学部五〇年史』（東邦大学理学部五〇周年記念事業委員会、一九九一）。

(24) 星野「一教師の歩み」一七七―一七八頁。

(25) 星野『小伝』九二頁。

(26) 前掲書、九三頁。

(27) 星野「一教師の歩み」一七八頁。

(28) 「津田英学塾将来ノ事業方針ニ関スル審議委員会答申書」一九四一年九月五日、星野あい「新学科増設について」『会報』（津田英学塾同窓会）五四号（一九四三年一一月）一―七頁の中、三―五頁に再録、引用箇所は三頁、四頁。

(29) 星野『小伝』九四頁。

(30) 星野「新学科増設について」七頁。

(31) 『津田塾大学一〇〇年史』一〇三頁。

(32) 藤田たき「理科近況」『会報』（津田英学塾同窓会）五五号（一九四三年一二月）八―一二頁、新入生の情報については八―九頁。

(33) 前掲書、一二頁。藤田たきは、一九二〇（大正九）年に女子英学塾を卒業し、一九二一（大正一〇）〜一九二五（大正一四）年、ブリンマー大学に留学（歴史と経済を専攻）し、帰国後母校で教鞭をとった。藤田たき『わが道――こころの出会い』（ドメス出版、一九七九）、藤田たき先生の論集と思いで世話人会（編）『ありがとう――藤田たき先生の思い出と論集』（ドメス出版、一九九三）。

(34) 津田塾理科の歴史を記録する会（編）『女性の自立と科学教育』六三―六四頁、『津田塾大学一〇〇年史』一九八―一九九頁。

(35) 藤田「理科近況」一一頁。

(36) 例えば、津田塾理科の歴史を記録する会（編）『女性の自立と科学教育』七五頁、津田塾理科・数学科五〇年史編集委員会（編）『津田塾理科・数学科五〇年のあゆみ』（私家版、一九九七）第一章、谷岡郁子『近代女子高等教育機関の成立と学校デザイン』（神戸芸術工科大学・博士論文、一九九八）五〇五頁参照。

(37) 桑木彧雄については以下参照。矢島祐利「桑木彧雄の追憶――その業績と学風」『科学史研究』一〇号（一九四九）一九―二二頁、伊藤憲二「『論文』の無い科学者・桑木彧雄（一）初期の業績と物理学史的背景」『窮理』一号（二〇一五）四〇―四七頁、同「『論文』の無い科学者・桑木彧雄（二）ヨーロッパ留学と相対論」同、二号（二〇一五）三九―四七頁、同「『論文』の無い科学者・桑木彧雄（三）物理学・哲学・科学史」同、三号（二〇一六）四四―五一頁。

(38) 道家達将「我が国の科学史　第一回　日本科学史学会の創設」『学術の動向』一巻・一号（一九九六）五八―六二頁、岡田大士「国内外の研究状況の変化が我が国における研究者集団の形成に与えた影響――『日本理学史会』と『日本科学史学会』の立ち上がりに関与した集団を比較して」『科学史研究』五八巻・二九一号（二〇一九）二六四―二七四頁。

(39) 桑木彧雄「科学史の研究」『科学史研究』一号（一九四一）二―一〇頁、古川晴男「『シーボルト研究』への補遺」同、一四七―一四八頁。

(40) 津田塾理科の歴史を記録する会（編）『女性の自立と科学教育』八四―八八頁。

(41) 前掲書、一六〇頁。

(42) 星野『小伝』一〇三―一〇四頁。

(43) 「米国使節団報告書（要旨）」（一九四六年三月三一日）、文部省『学制百年史　資料編』（文部省、一九七二）五八―六一頁、引用は六一頁。

(44) 星野『小伝』一〇六頁。以下の文献も参照。上村千賀子『女性解放をめぐる占領政策』（勁草書房、二〇〇七）第八章、石井留奈「戦後日本の女子高等教育改革における女性リーダーの役割――星野あいを中心として」『国際学レヴュー』（桜美林大学）一二号（二〇〇〇）六七―八三頁、Atsuko T. Kusano and Karolyn Sewell, "The Japanese University Accreditation Association and Dr. Lulu Holmes —1946–1948: One Historical Aspect on the

Founding of New Universities for Women in Japan after World War II," *Journal of Home Economics of Japan*, vol. 44, no. 3 (1993): 173-184.

(45) 星野『小伝』一〇六頁。

(46) 前掲書、一〇五頁。当初は物理学科の設置案もあったが、学内の理事会で設備充実困難との理由で申請を見合わせた。津田塾理科の歴史を記録する会（編）『女性の自立と科学教育』一一三頁。

(47) 津田塾理科の歴史を記録する会（編）『女性の自立と科学教育』、一一五—一一六頁、および津田塾理科・数学科五〇年史編集委員会（編）『津田塾理科・数学科五〇年のあゆみ』五二頁に引用。

(48) 吉村証子「日本における女性科学者の歩みとその背景」『津田塾大学紀要』一号（一九六九）一六—二九頁、引用は一九頁。

(49) 同前。

(50) 東京女子高等師範学校は一九四九（昭和二四）年、文学部・理家政学部の二学部からなるお茶の水女子大学となった。翌年、文教育学部・理学部・家政学部の三学部となる。奈良女子高等師範学校は、一九四九（昭和二四）年、文学部・理家政学部の二学部からなる奈良女子大学となった。一九五三（昭和二八）年に理家政学部は理学部と家政学部に分離した。日本女子大学校は一九四八（昭和二三）年に家政学部・文学部の二学部からなる日本女子大学となった。家政学部は家政理学科第一部（物理化学専攻）、同第二部（生物農芸専攻）の二学科からなっていた。理学部が家政学部から独立したのは一九九二（平成四）年のことである。四年制の女子大学の数は、一九五〇（昭和二五）年三二校、一九七〇（昭和四五）年八二校、一九九〇（平成二）年九〇校、二〇〇〇（平成一二）年九六校、二〇二〇（令和二）年七六校である。武庫川女子大学教育研究所「女子大学統計・大学基礎統計」表三 http://kyoken.mukogawa-u.ac.jp/wp-content/uploads/2021/03/21_03.pdf

(51) 吉村は津田塾在学中、三石巌の講義から最も影響を受け、科学史の本を読みはじめた。東京大学卒業の前後、平凡社に『科学技術史年表』編集のため嘱託として勤務したが、同社に入社した、後の科学史家・中山茂（東京大学理学部天文学科一九五一年卒）と知り合い、技術史家・星野芳郎を交えて勉強会を始めたという。吉村については、吉村証子を忍ぶ会（編）『すべての子どもに科学を——吉村証子を語る』（吉村証子を忍ぶ会、一九八〇）、吉村真子「吉村証子　すべての子どもに科学を――科学読物の研究・普及・創造の草分けとして」『未知への勇気』七〇―七二頁参照。前者に、中山と星野の追悼記事が掲載されている。

（52）一九六二年までの女性の工学博士号取得者（括弧内は取得大学と取得日）は、郷原佐和子（大阪大学、一九五九・三・二五）、菅野信子（東京大学、一九六一・七・二七）、上中文子（大阪大学、一九六二・二・七）、下河辺千穂（東京大学、一九六二・二・一二）、林雅子（東京大学、一九六二・三・五）、佐藤公子（東京工業大学、一九六二・三・一三）、竹中はる子（東京大学、一九六二・三・三一）。

（53）「資史料館とっておきメモ帳1　リケジョ（理工系で仕事をする女性）のパイオニアたち」（東京工業大学博物館）https://titech-museum.note.jp/n/n11a466d0e267#mnTqQ

（54）星野「一教師の歩み」一八一頁。

（55）星野『小伝』一六一頁。

# エピローグ

太平洋戦争後間もない日本はまだ飢えからも解放されず、物質的には極貧の時代にあったが、武蔵野の四年間の学寮生活は精神的にはわたしの生涯で最も豊かな思い出に満たされている。青春期にある学生たちはそれぞれに個性的に反逆の精神にみちみちてはいたが、創立者津田梅子に対しては一様に奇妙な敬愛を感じていた。

——大庭みな子『津田梅子』一九九〇年

本質的に女性と科学といふ問題を熟考して見るならば、何等の誇張なしに女子もまた男子と同等に学問をなすべきものであると断言することができる。

——加藤セチ「女性と科学」一九四〇年

歴史に仮定法は禁句というが、津田梅子の生涯をたどるとその岐路で「もし……ならば」という問いに、イマジネーションの翼を広げて答えてみたいという誘惑にかられる。都河《つがわ》明子は、「科学とジェンダー」と題する論考の中で、「もし、梅子が生物学者として日本で活動する場があったら、その後の日本女性科学者に少なからず影響をおよぼしていたかも知れない」と書いている(1)。梅子が再留学から帰国したのは一八九二（明治二五）年であった。当時の梅子は生物学の研究者としてその入り口に足を踏み入れたばかりの段階であった。梅子が日本で研究を続けるには、適切な指導者と研究環境が必要だったはずである。指導者として最もその可能性を秘めていたのが箕作佳吉である。箕作は当時、帝国大学理科大学の生物学教授であった。梅子のアメリカでの師トマス・モーガンと同じジョンズ・ホプキンス大学で学位を取得し、三〇代半ばの気鋭の動物学者であった。彼がつくった帝国大学附属の三崎臨海実験所はすでに開設から五年が経っていた。第三章で見たように、箕作は、帰国後の梅子が続けようとしたカエルの卵の発生研究についてアドバイスをしている。もし箕作が梅子に例えば三崎の臨海実験所で研究する機会を与え、直接指導していたら動物学での何らかの研究成果を上げていたかもしれない。もちろん、箕作の側、梅子の側の双方にそのような意志や働きかけがあり、かつそれを許容する周囲の理解があったらという前提での話である。現実にはそうはならなかった。

科学は男性の専門職であるという通念があった戦前期、それが女性である場合、しばしば「女流科学者」「女科学者」などと呼ばれ珍しがられた。例えば一九三五（昭和一〇）年の雑誌『科学知識』は「女流科学者に訊く」という座談会を掲載している。ここでは「女流科学者」を「御婦人で自然科学の研究又はその応用に従事していらっしゃる方々」として、七人の医学博士、三人の理学博士、一人の農学博士を招いている。(2) 共通しているのは、研究に従事していることと、博士であることだが、これが当時の「女流科学者」の一般的なイメージであったといえよう。(3)

こうした初期の女性科学者の多くは教育者でもあった。医学・薬学は別として、前章で見たように、女性に対する自然科学の高等教育を行った初期の学校は、女子高等師範学校の理科、日本女子大学校家政学部などに限られていた。当然、そこに教職ポストができる。最初それが男性たちで占められていても、いずれ優秀な卒業生がそのポストに就く状況が生まれる。ポストに就いた女性教員は女子学生たちの目指すべきロールモデル（キャリア形成の手本となる人物）となり、次世代の教育者が生まれる導因となる。メンター（指導者・助言者・師となる人物、初期は男性が多いが女性のこともある）がいて、学生たちをバックアップするケースが多い。こうしてポストの循環、教師の再生産の仕組みが生まれる。初期の女子高等教育機関は教育が主体であり、研究の場ではなかった。そのため研究の場は何らかの人間関係を頼って外部の機関（大学や研究所）に依存しなければならなかった。(4)

例えば、東京女子高等師範学校の理科の一回生であった保井コノ（図E1）は、卒業後三年間、岐阜の高等女学校教諭としての奉職義務を果たし、新設された研究科に再入学して岩川友太郎の下で生物学を専攻し、母校の助教授となった。第二のメンターは東京帝国大学理学部植物学教室の藤井健次郎（一八六六―一九五二、植物学・遺伝学）で、彼の計らいで同大学の施設（小石川植物園など）で研究を行うことができた。また、文部省外国留学生として「理科及家事」の研究という名目でアメリカのシカゴ大学、ハーバード大学に留学（一九一四―一六年）し、植物組織の研究を行った。留学中にはウッズホール臨海実験所で梅子と同じ夏期コースを履修した。帰国後、東京女子高等師範学校に勤務する傍ら、藤井研究室で研究を続け、日本産石炭の組織に関する学位論文をまとめた。(5)学生の黒田チカ（有機化学）や辻村みちよ（一八八八―一九六九、農芸化学）は教授の保井をロールモデルと

図 E1　1927（昭和 2）年に女性として初めて理学博士号を授与された時の保井コノ．お茶の水女子大学所蔵．

して教育者・研究者への道に進んだ。黒田も辻村も後に母校の教授になったが、両者に研究の場を提供し、指導したのは理化学研究所（一九一七年創立）の主任研究員たちであった[6]。

日本女子大学校出身の丹下ウメ（栄養化学）、大橋廣《ひろ》（一八八二—一九七三、植物学）、鈴木ひでる（一八八八—一九四四、薬学）らが研究者になったプロセスにも、メンターの存在、母校の教員ポストへの着任、ロールモデルの出現とその循環、外部の研究施設の活用など同様のパターンが見られる[7]。不完全ながらも、こうした制度的仕組み、つまりインフラ構造ができ始めるのは二〇世紀になってからのことであり、梅子の帰国時より一時代あとであった。帰国時の日本で科学研究者となるには、梅子はあまりにも孤立していた。

梅子に最も年齢の近い日本の女性科学者は丹下ウメである。(8) 丹下は一八七三(明治六)年生まれで、梅子より九歳年下であった。丹下の経歴を梅子のそれと比べてみることで、違いは一層鮮明になる。丹下は鹿児島の師範学校を卒業後、地元の尋常小学校の教師をした。一九〇一(明治三四)年、二八歳の時に日本女子大学校が開校すると、家政学部の一回生として入学した。同校の教育目的は、「本校ハ本邦ノ女子ニ適実ナル高等ノ学芸ヲ授ケ能ク日進ノ社会ニ順応シテ其職務ヲ完フスルノ淑女タル良妻賢母タルベキ者ヲ養成スル所トス」(9) として良妻賢母思想を謳ったが、「職務ヲ完フスル淑女」と暗に職業婦人の可能性も匂わせている。創立者・成瀬仁蔵の理念を受け、家政学は三つの柱、自然科学・精神科学・社会科学からなるとして、自然科学をその一つに位置づけてその教育を重視した。それにより、同学部では質の高い自然科学のカリキュラムを提供した。東京帝国大学から兼任教授として来ていた長井長義《ながよし》(一八四五―一九二九)(図E2)の香雪化学館での化学の授業に惹かれた丹下は卒業後、長井の助手となった。長井の勧めで文部省の中等教員資格試験(化学)を受けて合格したことが認められ、一九一三(大正二)年に東北帝国大学理科大学(後の理学部)が女子学生に門戸を開いた時に他の二人とともに入学した。時に四〇歳であった。高等学校卒業以外の学歴での、いわゆる傍系入学であった。同大学では第二のメンターとなる真島利行《としゆき》(一八七四―一九六二)の指導で柿渋の化学的研究を行い、卒業後は女性で初の大学院生として真島研究室に残った。その後、文部省と内務省の嘱託として「理科教育および児童の栄養に関する社会施設の調査」という名目で渡米して栄養

図 E2　日本女子大学校の香雪化学館での家政学部・化学実験の授業．中央が長井長義．学生たちは割烹着姿で実験をしている。関西の実業家・藤田傳三郎（藤田組の創始者）の寄贈により 1907（明治 40）年に完成した香雪化学館は，長井がドイツ留学の経験をもとに設計したもので，化学講義室，実験室，準備室，天秤室，標本室，図書室を完備し，帝国大学と比しても遜色のない化学教室であった．日本女子大学成瀬記念館提供．

化学を研究し、一九二七（昭和二）年、五四歳でジョンズ・ホプキンス大学から博士号を所得した。帰国後、五七歳にして日本女子大学校の教授に就任し、傍ら理化学研究所で第三のメンターとなる鈴木梅太郎（一八七四―一九四三）の研究室に所属しビタミンB2の研究を行った（図E3）。丹下の研究発表の主な場は同所の研究発表会、そして同所発行の『理化学研究所彙報』や *Scientific Papers* であった。

　丹下の眼の前には、女性科学者へのレールが敷かれていたわけではない。梅子と同様に、丹下にもロールモデルはなかった。しかし梅子と違い、丹下には日本に三人のメンターと、日本女子大学校、東北帝国大学、理化学研究

図 E3　理化学研究所での丹下ウメ.

所という活動の場があった。迂遠な道のりではあったが、化学の教員として母校に軸足を置き、次世代の学生たちを教え、ロールモデルとなり、さらにメンターにもなり、後進たちのために道を切り拓いたのである。このように、梅子が帰国した一八九〇年代と、丹下が研究活動を始めた一九二〇年代とでは、背後の環境、インフラ構造が大きく変わっていた。そのことは、科学者という地位が、一個人の才能や努力だけでなく、社会的に構築されるものであることを物語っている。

とはいえ、両者の時代の間に起きた環境の変化は、たんに上から一方的に与えられたものではなく、向学心に燃える女性たちがさまざまな場面で、それぞれの能動的な実践を通して勝ち取ってきた所産でもあった。加藤セチ（一八九三―一九八九、物理化学）は戦前期、東京女子高等師範学校理科を卒業後、北海道帝国大学への入学を自ら懇願した。その結果、全科選科生として学ぶ機会を与えられ、その後理化学研究所に入所し、戦後、同所で女性初の主任研究員になった。加藤は一九四〇（昭和一五）年に「女性と科学」と題する論考で科学を志す女性読者に向けて、「与へられる時の来るを空しくまつべきではない。叩けば裏木戸は開く、割り込んでゆかうと努力すれば小さな机は与へられる。その与へられたことに感謝し全精神を捧げて学ぶならば次第に光つてゆくであらう」と書いている(10)。そうした努力の積み重ねが結果的に現実の制度を変えてきたのである。東北帝国大学初代総長の澤柳政太郎《まさたろう》（一八六五―一九二七）は、少数ではあるが探究心旺盛な女性たちの存在を認め、こうした「独立しなければならぬ不幸の女子」（澤柳の言葉）のために、大学は門戸を開かなければならないと決断したのであった(11)。文部省の軋轢を受けたが、それがその後、他の帝国大学が女性の正規入学を認める先例となった。

梅子は英語教授法の研究という目的で官費留学し生物学を学んだが、前述のように、丹下や保井の世代になっても、国費留学の目的において政府の女性科学者への対応は屈曲したものであった。男性とは異なり、女性は純粋に自然科学の研究をするための留学は認められなかった。紫根の色素の化学構造を研究していた黒田チカも、一九二一（大正一〇）年、オックスフォード大学に有機化学研究のために国費留学する際、留学目的は「家事ニ関スル理学ノ研究」とされた。女性は家事や栄養や食品に関する研究という留学目的なら認めるという、文部当局のジェンダー観を反映していた。このようなジェンダー規範があった時代において、科学に参入した女性たちの側にも、不要な摩擦を避け、承認を得やすいことから、研究対象の「棲み分け」も見られた。初期の女医に産科医・婦人科医・栄養相談に従事する者が多かったように、女性の科学研究者に栄養化学・食品学、あるいは家庭や家事に関連する分野を自ら主体的に選んだ者もいた[12]。それはきっかけに過ぎなかったが、結果的に丹下、辻村、黒田のようにそれぞれの分野で顕著な学術的業績をあげた研究者も少なくない。

初期の女性科学者といわれる人々に見られるもう一つの特徴は、丹下、保井、黒田、辻村、大橋、鈴木ひでるを含め、独身者が圧倒的に多かったことである。筆者が行った、一九二〇（大正九）年以前に出生した七〇名の女性科学研究者を対象としたプロソポグラフィ（集団的伝記分析）による経歴調査では、五三名が独身であった。研究職をもつ女性が結婚生活と両立させることの難しさを示しているとともに、生涯独身を貫いて学問に身を投じた女性たちの探究心の大きさをも表している[13]。

二〇一四（平成二六）年秋、津田塾大学のホームカミング・デーに合わせて催された「津田梅子生誕一五〇周年記念シンポジウム」で、筆者は「梅子と生物学」と題する講演を行った[14]。その時、「津田先生がブリンマー留学後、もしアメリカにそのまま残っていたらどのようになっていたでしょうか？」という質問をいただいた。これも想像力をかき立てる魅惑的な質問である。研究者としてのキャリアを歩むには、帰国するよりアメリカに残っていた方がはるかにその可能性は高かったはずである。アメリカには強力なメンターとインフラ構造があった。第三章でも述べたように、想像するに、ブリンマー大学でその才能が高く評価された梅子は、まず特別生の身分から学部生に編入され学士号を取得し卒業したであろう。そして、奨学金を得て大学院の博士課程に進み、モーガンの下で発生学の研究をさらに進めて博士号を取得する。モーガンの助手となり、やがてどこかの大学のポストを得たかもしれない。梅子の留学時に学生だったアリス・ボーリング（Alice Boring）はマウント・ホリヨーク大学の教授になったし、梅子と一緒に実験助手をしたアイダ・ハイドもカンザス大学の教授になっている。モーガンは一九〇四年にコロンビア大学に招聘され、ノーベル生理学・医学賞に繋がる、ショウジョウバエを使った突然変異の研究を行ったが、もし弟子の梅子を連れて行ったら、その仕事を共同で行っていたであろう。いずれにしても、梅子がもし日本とのしがらみを絶ちアメリカに残って生物学者への道を歩んでいたら、困難や苦労はあれ、それなりに大成し、海の向こうの日本女性に女性科学者としてのロールモデルの役割を演じたかもしれない(15)。

そのように答えたあと、私は講演会場の同窓生たちに向けてこう結んだ。「一言追加させていただくならば、もし梅子があのままアメリカに残っていたら、女子英学塾はなかったでしょう。ということは、津田塾大学もなかったでしょう。ということは、皆さんは全く別の人生を歩んでいたことになります。同窓生の皆さんと今日ここでこんなシンポジウムを開き、こんなおしゃべりをしているのも、梅子があの時、迷った末に帰国の道を選択したからです。」

日本の生物学の発展への貢献度や、女性科学者への影響という観点だけから梅子を評価するならば、おそらくその評価点は低いであろう。本書は科学史の視座から描いた津田梅子の評伝ではあるが、そうした観点からの評価をすることが主旨ではなかった。本書が着目したのは別の面である。明治時代を駆け抜けた一女性がアメリカで自然科学と出会い、それがその女性のその後の人生にどのような意味をもったか、どのような葛藤や確執があり、どのような創造へと繋がったかに焦点を当てた。一九世紀後半、人格形成期の少女時代をアメリカで過ごし、帰国後の日本社会のジェンダー秩序の有り様に大きなショックを受けた。再度の留学で、ブリンマーという女子大学で受けた科学教育とはどのようなものであり、日本では、とくに華族女学校では女人禁制とされた自然科学の研究体験まで敢えてしたことが、帰国後の英語教師・梅子の人生にどのような影響を与え、当時の社会状況の中で日本女性の教育にどう活かされたか、梅子の遺産はどう受け継がれてどのような実を結んだかを、筆者なりに科学史とジェンダーの視点を踏まえて描いたものである。梅子のキャリアを精査することにより、女性科学者とは何かという問題にも光を当てた。

梅子ほどの強い意志と行動力のある人間が、なぜ日本女性のために科学への道を拓くように努力しなかったのか、という疑問も湧く。第三章で見たように、梅子自身は生前、ブリンマーで生物学を専攻したことを公的な場で積極的にアピールしようとはしなかった。生物学研究者としての梅子の過去が多少とも巷間で知られるようになったのは、梅子の死後、吉川利一が『津田梅子』（一九三〇）を出版して以降のことと思われる。結局、梅子は自然科学を捨て去ったというより、日本女性のための英語教育の道の方を自分には相応しいと思って選んだといった方がよい。塾の事業に協力したアナ・ハーツホーンが述懐しているように、学校設立に際し科学教育も想定に入れていたが、財政的困難から科学を学科として設けることは不可能だと悟った。こうして、梅子は女子英学塾を創立し、英語教育と学校運営に後半生を捧げた。梅子は、英語は最終目的ではないことを強調した。英語を日本女性に教育し、英語を通して欧米の世界、思想、学問、そして科学にも目を開かせる、そしてそれは日本女性たちに家父長制的な日本社会におけるジェンダー格差の大きさ、障壁の多さに目覚めさせることにも繋がる——、梅子はこのような信念をもって、英語教師の道を選んだのではないだろうか。こうした想いは、梅子がブリンマーで、あの時代に日本女性として自然科学を学ぶことで得た経験から熟成され、内面化されたものであった。その意味で、梅子の教育者としての人生を語るうえで、原点にあった科学との関わりを無視することはできない。

梅子は女子英学塾をいずれは「真の大学」にしたいという夢をもっていた。科学教育はその時のために取っておこうと思っていたのかもしれない。梅子の夢は半世紀を経て、後継者の星野あいらの献身的な努力によって実現された。塾では英語と英文学を講じた星野には、ブリンマーで梅子の科学教育を追体験した背景があった。戦時下に英語が敵性語と見なされ、英語教育を柱としていた塾が存亡の危機に見舞われた時、星野はいち早く数学科・物理化学科を増設することによりその難局を乗り切り、終戦直後の新制津田塾大学の誕生へと繋げていったのであった。星野が成し遂げたことは、津田塾だけに留まらず、戦前期の日本では実現できなかった「真の」女子大学の成立に先導的な役割を果たしたことでもあった。津田梅子の評価は、梅子一代で完結するのではなく、梅子の残した遺産、創った伝統、そしてそれが後世の世界に与えた影響を含めたうえでの評価であるべきである。

エピローグ　注

(1) 都河明子「科学とジェンダー」『東京医科歯科大学教養部研究紀要』三四号(二〇〇四)九五—一〇八頁、引用は九七頁。

(2)「座談会　女流科学者に訊く」『科学知識』一五巻・九号(一九三五)三〇七―三一四頁。出席者は、佐藤イクヨ、竹内茂代、吉原リュウ、宮川庚子、戸田クニ、中村ミカヱ、井手ヒロ(以上、医学博士)、加藤セチ、保井コノ、黒田チカ(以上、理学博士)、辻村みちよ(農学博士)。

(3)戦前でも「女性科学者」という言葉は使われていた。例えば、加藤セチ「女性と科学」『科学知識』二〇巻・四号(一九四〇)一〇二―一〇四頁参照。戦前の女性研究者の学位取得については、長島譲『女博士列伝』(明治書院、一九三七)、山本美穂子「一九二〇年『学位令』下における女性の学位取得状況」『北海道大学大学文書館年報』一一号(二〇一六)五九―七三頁参照。

(4)古川安「日本における女性科学者の誕生――戦前期研究者の経歴からの一考察」東京工業大学・科学史火曜ゼミナール、二〇二〇年一二月八日(口頭発表)。日本の女性科学者の歴史を扱った文献として次がある。吉村「日本における女性科学者の歩みとその背景」、同「日本における女性科学者の歩みとその背景 II」『津田塾大学紀要』二号(一九七〇)一一三―一二六頁、同「日本における女性科学者の歩みとその背景 III――アンケート調査のまとめ」『津田塾大学紀要』三号(一九七一)一六九―一八四頁、山下愛子(編)『近代日本女性史　科学』(鹿島出版会、一九八三)、津田塾理科の歴史を記録する会(編)『女性の自立と科学教育』一一―四一頁、都河明子・嘉ノ海暁子『拓く――日本の女性科学者の軌跡』(ドメス出版、一九九六)、都河「科学とジェンダー」、西條『理系の扉を開いた日本の女性たち』, Naonori Kodate and Kashiko Kodate, *Japanese Women in Science and Engineering: History and Policy Change* (London and New York: Routledge, 2016); Mariko Ogawa, "History of Women's Participation in STEM Fields in Japan," *Asian Women*, vol. 33, no. 3 (2017): 65-85がある。ただし、系統的な研究が十分なされているとはいい難い。

(5)保井コノについては、三木「保井コノの生涯」六―一三頁、長島『女博士列伝』四―一九頁、本書第三章注(13)、都河ほか『拓く』三三―六二頁参照。東京女子高等師範学校の教育については以下参照。東京女子高等師範学校(編)『東京女子高等師範学校六十年史』(東京女子高等師範学校、一九三四)、中原理沙・有賀暢迪「女性物理学者の出身校としての東京女子高等師範学校――乙部孝吉の物理教育に着目して」『国立科学博物館研究報告 E類(理工学)』四二巻(二〇一九)一一―二四頁。

(6)黒田チカについては、前田侯子「黒田チカ――天然色素研究における業績とわが国初の女性化学者としての生涯」『化学史研究』二二号(一九九五)二二六―二三八頁、香川ミチ子「女性科学者の先駆・黒田チカ」『自然』一九六九年一月号、六〇―六三頁、長島『女博士列伝』三〇―四一頁、都河ほか『拓く』六三―九四頁、黒田光太郎「黒田チカの生涯――女性化学者の先駆けの軌跡」『化学史への招待』(化学史学会、二〇一九)一七八―一八八頁参照。辻村みちよについては、山西貞「お茶の研究で日本初の農学博士 辻村みちよ」岩男壽美子・原ひろ子(編)『科学する心――日本の女性科学者たち』(日刊工業新聞社、二〇〇七)二二三―二二九頁、山下(編)『近代日本女性史 科学』七一―八七頁、長島『女博士列伝』八二―九五頁参照。

(7)丹下ウメについては、注(8)参照。大橋廣については、金子堯子・小川京子「大橋廣――生物学者から第五代学長へ」日本女子大学理学教育研究会(編)『女子理学教育をリードした女性科学者たち――黎明期・明治後半からの軌跡』(明石書店、二〇一三)七七―九八頁、大橋広遺稿編纂会(編)『大橋広遺稿集』(大橋広遺稿編纂会、一九七四)参照。鈴木ひでるについては、宮崎あかね「鈴木ひでる――女性薬学博士第一号」日本女子大学理学教育研究会(編)『女子理学教育をリードした女性科学者たち』九九―一二四頁、長島『女博士列伝』一八二―一九一頁参照。

(8)丹下ウメについては以下の文献を参照。辻キヨ(編)『先覚者丹下先生』(日本女子大学香雪化学館、一九五三)、蟻川芳子・宮崎あかね『白梅のように――化学者丹下ウメの軌跡』(化学工業日報社、二〇一一)、蟻川芳子・今泉幸子「丹下ウメ――女性科学者の道を拓く」日本女子大学理学教育研究会(編)『女子理学教育をリードした女性科学者たち』五五―七六頁、蟻川芳子「道なき道を――女性化学者のパイオニア丹下ウメ」『化学史研修講演会 資料』第一四回(二〇一七)六―一七頁、中村節子「栄養と体の関係の研究で世の中に役立ちたい 丹下ウメ」岩男ほか(編)『科学する心』八―一五頁、山本美穂子「一九一八～一九四五年における帝国大学大学院への女性の進学状況(一)化学専攻の進学者に着目して」『北海道大学大学文書館年報』一三号(二〇一八)四八―六一頁。

(9)大学校規則・第一章・第一条、東京都(編)『日本の女子大学』(東京都、一九六九)五八頁から引用。影山礼子『成瀬仁蔵の教育思想――成瀬的プラグマティズムと日本女子大学校における教育』(風間書房、一九九四)、吉良芳恵（編）『成瀬仁蔵と日本女子大学校の時代』（日本経済評論社、二〇二一）も参照。日本女子大学校の歴史については、日本女子大学校（編）『日本女子大学校四十年史』（日本女子大学校、一九四二）、日本女子大学（編）『日本女子大学学園事典』（ドメス出版、二〇〇一）参照。

（10）加藤「女性と科学」一〇四頁。加藤はこう続けている。「安易な環境は却つて人間を伸びるだけ伸してくれない場合が多い。筆者は女性に対する今日の社会的環境に、決して満足するものではない。しかし率直にいへば二倍も三倍も働かなければ立つてゆけなかつた運命といふものに、一面の有り難味を感じていた」。理化学研究所に長く在籍した加藤は、「私は大の女びいきであった」と語っているように、共同研究者や助手に率先して女性を採用するよう心掛けた。加藤セチ「みみずのたわごと」『自然』「特集　理化学研究所六〇年のあゆみ」三三巻・一三号（一九七八）七八―八〇頁、引用は八〇頁。加藤セチについては、前田侯子「加藤セチ博士の研究と生涯――スペクトルの物理化学的解明を目指して」『ジェンダー研究』七号（二〇〇四）八七―一一〇頁、山本美穂子「『科学は女性にとって何物にも優る美服である』――女性科学者の先駆者加藤セチの歩み」『北海道大学大学文書館年報』一二号（二〇一七）五三―六七頁参照。理化学研究所の女性研究者については、理化学研究所百年史編集委員会（編）『理化学研究所百年史』（理化学研究所、二〇一八）第二部・第五章参照。

（11）澤柳政太郎「欧米の女子教育」国民教育奨励会（編）『現代文化と教育』（民友会、一九二四）二八六―三一七頁、引用は二九九頁。湯川『近代日本の女性と大学教育』五〇―七二頁、冨士原雅弘「旧制大学における女性受講者の受容とその展開」『教育学雑誌』（日本大学教育学会）三三号（一九九八）七六―九一頁も参照。

（12）渡邊洋子は『近代日本の女性専門職業教育』の中で、近代日本における女性の専門職をいくつかのカテゴリーに分けて、「女性参入型専門職」（もともと男性の専門職と考えられてきた分野に後から女性が参入したもの）をその一つとして、医師・科学者・技術者がそれに該当するとしている。このカテゴリーの一つの初期の特徴として「棲み分け」の現象を指摘している。第四章・第三節参照。

丹下ウメは、「私が斯うした学問を志したのは婦人と食品とは非常に密接な関係があると云ふ事を悟つたからで」あると語っている。「食品化学の研究に　丹下女史が渡米」『読売新聞』一九二一年三月五日。また理化学研究所で丹下を指導した鈴木梅太郎は、「女は子供を育てる本能から栄養に関心を持ち（中略）丹下君等がすぐわしらの研究に続いてくれた。子供を立派に育てたい母心は栄養化学を今日まで運んできたといってもいい」と述べている。「戦ふ科学の分野に女性の進出著し　理研研究発表に新境地開く」『読売新聞』一九四三年六月一五日。

(13) 古川「日本における女性科学者の誕生」。

(14) 古川安「津田梅子と生物学」(講演) 津田梅子生誕一五〇周年記念シンポジウム「海を航って――梅子、捨松の先進性」二〇一四年一〇月一一日。

(15) 生物学者の中沢信午は「津田梅子がもしも、そのまま動物学者の生活を続けていたならば、どうだっただろうか。モーガンと協力して研究を続けたとしたら、おそらくモーガンと肩をならべる偉大な動物学者となったであろうことは、彼女の後の活躍ぶりから想像される」と書いている。中沢「動物学者　津田梅子」四六―四九頁、引用は四八頁。

# 謝辞——あとがきに代えて

プロローグにも記したように、本書のもとになった研究はかつてフィラデルフィアに滞在した折、津田梅子と生物学の関係に関心をもったことに端を発する。津田梅子の伝記作者や研究者には津田塾大学の関係者が圧倒的に多い。それは当然のこととしても、津田塾とは無縁の私がこのテーマに惹かれたのは、明治という激動の時代に一人の女性英語教師が太平洋を隔てた二つの異文化の中で「科学すること」「科学したこと」の意味や意義を探ってみたいという想いがあったためである。そうした問題意識で梅子の経歴をたどる中から、梅子が生きた時代の教育や研究の仕組み、そしてそれに関わるジェンダーの問題に思索が広がっていったのは自然な成り行きであった。長年温めてきたテーマであったが、遠回りをしながらも、今ようやく自分なりのゴール地点にたどり着いたと実感している。書き足りなかった点や力不足の箇所も少なからずあると感じるが、それでもこのような本にまとめて、読者の皆さまにお届けすることができたことを大変嬉しく思っている。学術書ではあるが、一般読者にも読みやすい内容にすることを心掛けたつもりである。本書の中に少しでも興味をもって頂くところがあったならば大変幸せである。

梅子の伝記を本にすることを勧めて頂いたのは、東京大学出版会におられた住田朋久さんである。二〇一九（令和元）年四月のことで、新五千円札の表の肖像が梅子になると報道された直後だったので、そのタイミングでのお話であった。住田さんは東京大学大学院時代に科学史を専攻していて、私が一〇年前に書いた論文「津田梅子と生物学」を読んでいてくれており、執筆の打診のメールを頂いた。私はそれ以前から、短編でもいいので科学史の眼から見た津田梅子伝を本の形にまとめてみたいと思っていたので、二つ返事で承諾の意を伝えたのを覚えている。それから学内企画委員会の承認までのやり取りなどを経て、実際に原稿書きに入ったのは、年が改まってからのことである。あれこれ思索する中での産みの苦しみはあったが、遅筆な私にしては比較的速いペースでこの小品を書き上げることができたと思う。

史料や写真を使用させて頂いた津田塾大学津田梅子資料室、津田家コレクション、学習院アーカイブズ（旧学習院史資料室）、宮内庁宮内公文書館（旧書陵部図書課）、国立国会図書館、額田記念東邦大学資料室、お茶の水女子大学歴史資料館、日本女子大学成瀬記念館、山川菊栄記念会、新渡戸記念館、九州大学大学文書館、総合研究大学院大学図書館、川崎市立図書館、Bryn Mawr College Library Special Collections; Woods Hole Marine Biological Laboratory Library; Archives and Special Collections, Vassar College Library; State University of New York, Oswego, Penfield Library Special Collections; Archives, American Association of University Women とその関係者に感謝する。二〇二〇（令和二）年以降、新型コロナウイルス禍のために、国内外の資料室や文書館に直接赴くことが難しくなった。幸い本書の内容に関する基本的な一次史料の多くはそれまでに写しを収集・保管していたので大事にはいたらなかった。また一部の文書館からは、希望する史料をデジタル・データで送って頂いたことがありがたかった。それでも、訪問を予定していたいくつかのアーカイヴで心ゆくまで史料を探索・調査できなかったことが悔やまれる。

本書の完成までに多くの方々のお世話になった。有益な知見・助言・情報・資料等を提供して頂いた秋山道彦、飯野正子、伊藤憲二、岩間有希奈、小川眞里子、奥村直史、川島慶子、ハラルド・クマレ、高橋裕子、津田道夫、津田守、中根美知代、中原理沙、保明綾、水島希、溝口元、八耳俊文、矢島道子、山本美穂子（五〇音順）の各氏に厚く御礼申し上げる。また、東京大学（駒場）の科学史・科学哲学での授業、葉山科学史・科学論ゼミナール、「日本における女性科学者の誕生についての系統的研究」グループの会合（いずれもオンライン）でのディスカッションから、本テーマに関わる知的刺激を得ることができた。本研究の一部は日本学術振興会学術研究助成基金助成金（基盤研究C課題番号20K00267）の援助を頂いた。

研究成果の一部は、これまで日本科学史学会主催科学史学校（於国立科学博物館）、東京工業大学火曜ゼミナール、津田塾大学主催「津田梅子生誕一五〇周年記念シンポジウム」、津田塾大学同窓会湘南支部（於藤沢）、総合研究大学院大学などで発表したが、発表後の質疑やコメントに啓発されるところも多々あった。

前述の住田さんはその後出版会を辞められたが、そのあとを引き継ぎ完成まで丁寧な編集作業に携わって頂いた小松美加さんに深謝する。

二〇二一年秋　柿生にて　　古川　安

# 文献一覧

## 未公刊一次史料（書簡・手稿・内部文書等）

**学習院アーカイブズ**

津田梅子「辞職願」（明治二二年四月二〇日付）、『華族女学校進退録　自明治十八年至同三十年』。

華族女学校幹事北沢正誠、華族女学校長宛（明治二四年六月二二日付）『華族女学校進退録　自明治十八年至同三十年』。

津田仙「帰朝延期願」（明治二五年五月二七日）『華族女学校進退録　自明治十八年至同三十年』。

**宮内庁宮内公文書館**

「華族女学校学科ニ付御親喩」「元田永孚手記」（元田男爵家文書十七）明治一八年七月二五日。

「梅子留学願関係文書」『内事課進退録　明治二十二年』。

津田梅子、土方久元宛「留学延期願」（明治二四年六月一五日付）『内事課進退録　明治二四年』。

西村茂樹、土方久元宛「第四十号」（明治二四年六月一五日付）『内事課進退録　明治二四年』。

**津田塾大学津田梅子資料室**

津田梅子履歴書、明治一八年九月。
津田梅子から Thomas H. Morgan 宛書簡（下書き）、一八九三年七月二五日付。
Thomas H. Morgan から Ume Tsuda 宛書簡、一八九三年一〇月一四日付。
Thomas H. Morgan から Ume Tsuda 宛書簡、一九二六年二月四日付。
Leah Goff から津田梅子宛書簡、一八九三年一月二四日付。
Frederic Lee の津田梅子の紹介状、一八九一年二月二七日付。
箕作佳吉から津田梅子宛書簡、一八九三年三月二五日付。

津田梅子から箕作佳吉宛書簡（下書き）、日付なし。
Anna C. Hartshorne, memorandum, 一九三三年一二月一三日、一九四〇年一一月一六日。
Anna C. Hartshorne, memorandum, 日付なし。
“Bryn Mawr College Record of Ume Tsuda.”
Carey Thomas, “Address given by President Thomas of Bryn Mawr College, July 8, 1915”（トマスが女子英学塾で行った講演の原稿）。
“The Orientation of the Frog's Egg” pt. II, 1892（津田梅子のものと思われる原稿）。
津田梅子、無題（アメリカ留学に関する事柄）、日付なし（ローマ字書き原稿、六枚綴）。

**American Association of University Women, Washington, D.C., Archives**

Ida Hyde, “Before Women Were Human Beings: A Woman from Dark Ages,”（原稿）1931, revised 1938, Ida Hyde Papers.

**Bryn Mawr College Library Special Collections**

“Transcript of Umé Tsuda,” Folder 12JF.
Carey Thomas の津田梅子の紹介状、一八九二年五月二七日付。
津田梅子から Carey Thomas 宛書簡、一九〇〇年八月九日付。
Bryn Mawr College, *Trustee's Minutes*, 一八九一年一〇月九日付。
Ai Hoshino, Transcript 1908–1912.

**Marine Biological Laboratory Library**

Ida H. Hyde, paper presented at the San Diego Federation Club as the representative of A.A.U.W., 1924（原稿）、Ida Hyde Collection.

**New York State University, Oswego, Penfield Library Special Collections**

“Summary of Reports of the Superintendents and Teachers for the term ending June 30, 1891,” *Grade Reports 7/1889–7/1895*, 17/1/5.

Vassar College Libraries Archives and Special Collections
Transcript of Sutematz Yamakawa, A. B. 1882, Registrar's Office.
山川捨松から Alice Bacon 宛書簡、一八八二年八月二日付、一八八三年一月一八日付、二月三日付、二月二〇日付、Oyama Collection.

## 公刊文献

### 邦文

藍谷栄「津田のお梅さん」『英語青年』六二巻・四号（一九二九）一三九—一四〇頁。

青山なを『安井てつ伝』（安井てつ伝刊行委員会、一九四九）。

秋山ひさ「明治初期女子留学生の生涯——山川捨松の場合」『論集』（神戸女学院大学研究所）三一巻・三号（一九八五）八一—一〇四頁。

天野郁夫『大学の誕生（下）大学への挑戦』（中公新書、二〇〇九）。

蟻川芳子・宮崎あかね『白梅のように——化学者丹下ウメの軌跡』（化学工業日報社、二〇一一）。

蟻川芳子・今泉幸子「丹下ウメ——女性科学者の道を拓く」日本女子大学理学教育研究会（編）『女子理学教育をリードした女性科学者たち』五五—七六頁所収。

蟻川芳子「道なき道を——女性化学者のパイオニア丹下ウメ」『化学史研修講演会　資料』第一四回（二〇一七）六一—七一頁。

飯野正子・亀田帛子・高橋裕子（編）『津田梅子を支えた人びと』（有斐閣、二〇〇〇）。

生田澄江『舞踏への勧誘——日本最初の女子留学生永井繁子の生涯』（文藝社、二〇〇三）。

生田澄江『瓜生繁子——もう一人の女子留学生』（二一世紀アート、二〇一七）（前掲書の改訂版）。

石井留奈「戦後日本の女子高等教育改革における女性リーダーの役割——星野あいを中心として」『国際学レヴュー』（桜美林大学）一二号（二〇〇〇）六七—八三頁。

磯野直秀「東京大学理学部動物学教室の歴史」竹脇潔・磯野直秀『ミズカマキリはとぶ——一動物学者の軌跡』（学会

出版センター、一九八五）一三九—二一七頁。

伊藤憲二「『論文』の無い科学者・桑木彧雄（一）初期の業績と物理学史的背景」『窮理』一号（二〇一五）四〇—四七頁。

伊藤憲二「『論文』の無い科学者・桑木彧雄（二）ヨーロッパ留学と相対論」『窮理』二号（二〇一五）三九—四七頁。

伊藤憲二「『論文』の無い科学者・桑木彧雄（三）物理学・哲学・科学史」『窮理』三号（二〇一六）四四—五一頁。

今井光映（編）『アメリカ家政学前史——ビーチャーからリチャーズへ　ドメスティック・フェミニストの思想』（光生館、一九九二）。

岩男壽美子・原ひろ子（編）『科学する心——日本の女性科学者たち』（日刊工業新聞社、二〇〇七）。

上田明子「星野あい——嵐の中の三〇年」飯野ほか（編）『津田梅子を支えた人びと』二五九—二七八頁所収。

上田久『西田幾多郎の妻』（南窓社、一九八六）。

植野香雪・佐藤公子・松田久子「星野あい　津田塾存亡の危機を救った人——理科増設決断」津田塾大学創立一〇〇周年記念誌出版委員会（編）『未知への勇気』一九—二一頁所収。

植松三十里『梅と水仙』（PHP研究所、二〇二〇）。

上村千賀子『女性解放をめぐる占領政策』（勁草書房、二〇〇七）。

内田道子「メアリ・H・モリス奨学金——日本の女性に梅子と同じ機会を」飯野ほか（編）『津田梅子を支えた人びと』一七七—二〇一頁所収。

大島廣『一動物学徒の記録』（酣燈社、一九五〇）。

大庭みな子『津田梅子』（朝日新聞社、一九九〇）。

大橋広遺稿編纂会（編）『大橋広遺稿集』（大橋広遺稿編纂会、一九七四）。

岡田大士「国内外の研究状況の変化が我が国における研究者集団の形成に与えた影響——『日本理学史会』と『日本科学史学会』の立ち上がりに関与した集団を比較して」『科学史研究』五八巻・二九一号（二〇一九）二六四—二七四頁。

海後宗臣（編）『臨時教育会議の研究』（東京大学出版会、一九六二）。

海後宗臣『海後宗臣著作集　第十巻　教育勅語成立史研究』（東京書籍、一九八一）。

香川人権研究所『保井コノ――日本初の女性博士』（香川人権研究所、二〇〇六）。

香川せつ子「下田歌子と津田梅子――西洋文化との出会いと女子教育の創出」広井（編）『下田歌子と近代日本』八七―一一七頁所収。

香川ミチ子「女性科学者の先駆・黒田チカ」『自然』一九六九年一月号、六〇―六三頁。

学習院女子中等科・高等科（編）『学習院女子中等科・高等科百年史』（学習院女子中等科・高等科、一九八五）。

学習院百年史編纂委員会（編）『学習院百年史　第1編』（学習院、一九八一）。

影山礼子『成瀬仁蔵の教育思想――成瀬的プラグマティズムと日本女子大学校における教育』（風間書房、一九九四）。

華族史料研究会（編）『華族令嬢たちの大正・昭和』（吉川弘文館、二〇一一）。

片山寛「津田梅子女史の追想」『英語青年』六二巻・四号（一九二九）一三八頁。

加藤恭亮『東邦大学三十年史』（東邦大学、一九五五）。

加藤セチ「女性と科学」『科学知識』二〇巻・四号（一九四〇）一〇二―一〇四頁。

加藤セチ「みみずのたわごと」『自然』「特集　理化学研究所六〇年のあゆみ」三三巻・一三号（一九七八）七八―八〇頁。

金子堯子・小川京子「大橋廣――生物学者から第五代学長へ」日本女子大学理学教育研究会（編）『女子理学教育をリードした女性科学者たち』七七―九八頁所収。

加納弘勝「津田仙の『農業雑誌』と地域への広がり――明治一〇年代と二〇年代の読者に注目して」『国際関係学研究』（津田塾大学）四五号（二〇一八）一―一七頁。

神近市子『神近市子自伝――わが愛わが闘い』（講談社、一九七二）。

亀田帛子「瓜生繁子――青春を共有した友として」飯野ほか（編）『津田梅子を支えた人びと』七一―九六頁所収。

亀田帛子『津田梅子――ひとりの名教師の軌跡』（双文社出版、二〇〇五）。

亀田帛子『津田梅子とアナ・C・ハーツホン――二組の父娘の物語』（双文社出版、二〇〇六）。

川本静子・亀田帛子・高桑美子『津田梅子の娘たち――ひと粒の種子から』（ドメス出版、二〇〇一）。

川本静子「はじめに」川本ほか『津田梅子の娘たち』九―一六頁所収。

川本静子「星野あい――『津田先生の学校』を守り抜く」川本ほか『津田梅子の娘たち』一九―二七頁所収。

川本静子「山川菊栄――婦人解放論のパイオニア」川本ほか『津田梅子の娘たち』二八―三五頁所収。

氣賀健生『青山学院の歴史を支えた人々』（青山学院、二〇一四）。

木原均・篠遠喜人・磯野直秀（監修）『近代日本生物学者小伝』（平河出版社、一九八八）。

木村恵子『河合道の生涯――光に歩んだ人』（岩波書店、二〇〇二）。

「教育ニ関スル戦時非常措置方策」国会図書館リサーチ・ナビ https://rnavi.ndl.go.jp/politics/entry/bib00512.php
吉良芳恵（編）『成瀬仁蔵と日本女子大学校の時代』（日本経済評論社、二〇二一）。

金文吉『津田仙と朝鮮――朝鮮キリスト教受容と新農業政策』（世界思想社、二〇〇三）。

久野明子『鹿鳴館の貴婦人大山捨松――日本初の女子留学生』（中公文庫、一九九三）。

黒岩比佐子『明治のお嬢さま』（角川選書、二〇〇八）。

黒田光太郎「黒田チカの生涯――女性化学者の先駆けの軌跡」『化学史への招待』（化学史学会、二〇一九）一七八―一八八頁。

桑木彧雄「科学史の研究」『科学史研究』一号（一九四二）二―一〇頁。

「故石川千代松博士記念号」『動物学雑誌』四七巻（一九三五）。

小泉浩一「山河遙か　上州・先人の軌跡　第5部　星野あい一―一〇・番外編」『上毛新聞』二〇〇八年七月一五日―一九日、二一日―二五日、八月五日。

こだまひろこ『小説　津田梅子　ハドソン河の約束――米国女子留学生による近代女子教育への挑戦』（新潮社図書編集室、二〇二一）。

後藤新「近代日本における禁酒運動――一八九〇年東京禁酒会の成立まで」『法政論叢』五五巻・一号（二〇一九）一五―二八頁。

駒井卓『ダーウィンの家』（創元社、一九四七）。

小山静子『良妻賢母という規範』（勁草書房、一九九一）。

西條敏美『理系の扉を開いた日本の女性たち――ゆかりの地を訪ねて』（新泉社、二〇〇九）。

斎藤之男『日本農学史――近代農学形成期の研究』(農業総合研究所、一九六八)。

坂本辰朗「津田梅子と女性の高等教育第一世代たち――十九世紀末のアメリカ合衆国における女性の高等教育支援運動」飯野ほか(編)『津田梅子を支えた人びと』二七―四七頁所収。

桜井役『女子教育史』(増進堂、一九四三)。

佐々木啓子『戦前期女子高等教育の量的拡大過程――政府・生徒・学校のダイナミクス』(東京大学出版会、二〇〇二)。

「座談会　女流科学者に訊く」『科学知識』一五巻・九号(一九三五)三〇七―三一四頁。

佐野真由子『クララ・ホイットニーが綴った明治の日々』(日記で読む日本史一八)(臨川書店、二〇一九)。

澤柳政太郎「欧米の女子教育」国民教育奨励会(編)『現代文化と教育』(民友会、一九二四)二八六―三一七頁。

「資史料館とっておきメモ帳1　リケジョ(理工系で仕事をする女性)のパイオニアたち」(東京工業大学博物館)https://titech-museum.note.jp/n/n11a466d0e267#mnTqQ
清水孝子「津田梅子の *The Attic Letters* に見る異文化変容」『日本文理大学紀要』二九巻・二号(二〇〇一)九五―一〇六頁。

ローラ・シャピロ(種田幸子訳)『家政学の間違い』(晶文社、一九九一)。

「食品化学の研究に　丹下女史が渡米」『読売新聞』一九二一年三月五日。

女子学習院(編)『女子学習院五十年史』(女子學習院、一九三五)。

白井堯子『明治期女子高等教育における日英の交流――津田梅子・成瀬仁蔵・ヒューズ・フィリップスをめぐって』(ドメス出版、二〇一八)。

末木節子「津田梅子の病気観」『綜合看護』三六巻・二号(二〇〇一)五一―五七頁。

芹沢有美・戸田徹子「異境への帰国――津田梅子書簡に見る日本」『山梨県立女子短大地方研究』二号(二〇〇二)一〇三―一一七頁。

千住克己「明治期女子教育の諸問題――官公立を中心として」日本女子大学女子教育研究所(編)『明治の女子教育』(国土社、一九六七)八―四一頁。

高崎宗司『津田仙評伝――もう一つの近代化をめざした人』(草風館、二〇〇八)。

高橋裕子「アリス・ベーコンと大山捨松——梅子を支援したベーコン家の〈娘〉たち」飯野ほか（編）『津田梅子を支えた人びと』四九—七〇頁所収。

高橋裕子『津田梅子の社会史』（玉川大学出版部、二〇〇二）。

高橋裕子「昭憲皇太后と津田梅子——華族女学校での接点を中心に」『明治聖徳記念学会紀要』復刻五〇号（二〇一三）六三五—六四四頁。

高嶺秀夫先生記念事業會『高嶺秀夫先生傳』（培風館、一九二一）（復刻版、大空社、一九八七）。

竹俣初美「家政学運動と女性の家庭的役割——アメリカ女性史の視点から」『アメリカ研究』二四号（一九九〇）一四三—一六二頁。

「戦ふ科学の分野に女性の進出著し　理研研究発表に新境地開く」『読売新聞』一九四三年六月一五日。

谷岡郁子『近代女子高等教育機関の成立と学校デザイン』（神戸芸術工科大学・博士論文、一九九八）。

玉木存『動物学者　箕作佳吉とその時代——明治人は何を考えたか』（三一書房、一九九八）。

都河明子「科学とジェンダー」『東京医科歯科大学教養部研究紀要』三四号（二〇〇四）九五—一〇八頁。

都河明子・嘉ノ海曉子『拓く——日本の女性科学者の軌跡』（ドメス出版、一九九六）。

辻キヨ（編）『先覚者丹下先生』（日本女子大学香雪化学館、一九五三）。

津田梅子「家事教育の必要」『日本乃家庭』一八九五年一二月、津田塾大学（編）『津田梅子文書　改訂版』一二三—一二五頁所収。

津田梅子「開校式式辞」一九〇〇年九月一四日、津田塾大学（編）『津田梅子文書　改訂版』一—四頁所収。

津田梅子「読み耽つた伝記」『少女世界』一九〇八年八月、津田塾大学（編）『津田梅子文書　改訂版』六八頁所収。

「津田梅嬢の生物学上の発見」『女学雑誌』三八七（一八九四・七）六九三頁。

津田英学塾（編）『津田英学塾四十年史』（津田英学塾、一九四一）。

「津田英学塾将来ノ事業方針ニ関スル審議委員会答申書」一九四二年九月五日、星野あい「新学科増設について」三—五頁所収。

津田塾大学（編）『津田塾六十年史』（津田塾大学、一九六〇）。

津田塾大学（編）『津田梅子文書』（津田塾大学、初版一九八〇、改訂版一九八四）。

津田塾大学九〇周年事業出版委員会（編）『津田塾大学——津田梅子と塾の九〇年』（津田塾大学、一九九〇）。

津田塾大学創立一〇〇周年記念誌出版委員会（編）『未知への勇気——受け継がれる津田スピリット』（津田塾同窓会、二〇〇〇）。

津田塾大学一〇〇年史編纂委員会（編）『津田塾大学一〇〇年史』（本編・資料編）（津田塾大学、二〇〇三）。

津田塾理科・数学科五〇年史編集委員会（編）『津田塾理科・数学科五〇年のあゆみ』（私家版、一九九七）。

津田塾理科の歴史を記録する会（編）『女性の自立と科学教育——津田塾理科の歴史』（ドメス出版、一九八七）。

津田仙『荷衣伯連氏法　農業三事　上・下』（前川善兵衛・青山清吉、一八七四）。

津田仙「禾花媒助法之説」『明六雑誌』四一号（一八七五）、山室信一・中野目徹（校注）『明六雑誌（下）』（岩波文庫、二〇〇九）三二六—三三四頁所収。

津田仙「澳国博覧会農業園芸ノ伝習及爾後ノ状況」田中芳男・平山成信（編）『澳国博覧会参同記要』下編（森山春雍、一八九七）三三—三六頁。

津田昇（編）『津田仙翁略傳』（私家版、一九五八）。

津田道夫『津田仙の親族たち』（ミヤオビパブリッシング、二〇一二）。

寺坂有美「明治女子留学生の入信に関する一考察——津田梅子の場合」『大正大学大学院研究論集』二五号（二〇〇一）二七八—二六五頁。

伝田功『近代日本経済思想の研究——日本の近代化と地方経済』（未来社、一九六二）。

東京女子高等師範学校（編）『東京女子高等師範学校一覧』（明治三一—三三年）。

東京女子高等師範学校（編）『東京女子高等師範学校六十年史』（東京女子高等師範学校、一九三四）。

東京都（編）『日本の女子大学』（東京都、一九六九）。

道家達将「我が国の科学史　第一回　日本科学史学会の創設」『学術の動向』一巻・一号（一九九六）五八—六二頁。

東邦大学理学部五〇周年記念事業委員会（編）『東邦大学理学部五〇年史』（東邦大学理学部五〇周年記念事業委員会、一九九一）。

内務省衛生局（編）『流行性感冒「スペイン風邪」大流行の記録』（東洋文庫七七八）（平凡社、二〇〇八）。

中沢信午「動物学者　津田梅子」『遺伝』四二巻・八号（一九八八）四六―四九頁。

長島譲『女博士列伝』（明治書院、一九三七）。

長門谷洋治「岡見京子――女子医学留学生第一号」『日本医事新報』一八〇七号（一九五八）四九―五四頁。

中西文子「津田梅子先生のこと」『英語青年』六二巻・三号（一九二九）一〇二―一〇三頁。

中原理沙・有賀暢迪「女性物理学者の出身校としての東京女子高等師範学校――乙部孝吉の物理教育に着目して」『国立科学博物館研究報告　E類（理工学）』四二巻（二〇一九）一一―二四頁。

中村節子「栄養と体の関係の研究で世の中に役立ちたい　丹下ウメ」岩男ほか（編）『科学する心』八―一五頁所収。

中村千代松（木公）『実地精査　女子遊学便覧』（女子文壇社、一九〇六）。

並松信久「明治期における津田仙の啓蒙活動――欧米農業の普及とキリスト教の役割」『京都産業大学論集　社会科学系列』三〇巻（二〇一三）八五―一二二頁。

日本女子大学（編）『日本女子大学学園事典』（ドメス出版、二〇〇一）。

日本女子大学校（編）『日本女子大学校四十年史』（日本女子大学校、一九四二）。

日本女子大学理学教育研究会（編）『女子理学教育をリードした女性科学者たち――黎明期・明治後半からの軌跡』（明石書店、二〇一三）。

ママトクロヴァ・ニルファル「初期の女子英学塾における教授法に関する一考察――津田梅子の目指した高等教育」『早稲田大学教育学会紀要』一二号（二〇一一）七九―八六頁。

ママトクロヴァ・ニルファル「女子英学塾における教育実践の成果に関する一考察――津田梅子のねらいと初期卒業生の進路」『早稲田教育評論』二五巻・一号（二〇一一）一〇七―一二五頁。

ママトクロヴァ・ニルファル「津田梅子の日本女性像――女性英学塾創設の背景をめぐる検証」『アジア教育史研究』三〇巻（二〇二一）二七―四一頁。

額田豊「理学専門学校設立趣旨の一端」『高峯』一〇巻（一九四二）四―五頁。

畑中理恵『大正期女子高等教育史の研究――京阪神を中心として』（風間書房、二〇〇四）。

花見朔己（編）『男爵山川先生伝』（故男爵山川先生記念会、一九三九）。

林真理「『動物学雑誌』初期の目的と成果——明治時代日本における動物学研究の一断面」『生物学史研究』六六号（二〇〇〇）一—一三頁。

林真理「一八九〇年代における日本の動物学者の論文発表について」『生物学史研究』六八号（二〇〇一）四五—五六頁。

原道徳「稲の増産にハチミツ——明治前期の試験顛末」『ミツバチ科学』一五巻三号（一九九四）一二五—一三〇頁。

平塚らいてう『元始、女性は太陽であった——平塚らいてう自伝　上・下』（大月書店、一九七一）。

広井多鶴子（編）『下田歌子と近代日本——良妻賢母論と女子教育の創出』（勁草書房、二〇二一）。

広井多鶴子「下田歌子を捉えなおす」広井（編）『下田歌子と近代日本』三一七—三三九頁。

福井由理子「東京大学動物学教室における卒業論文——第一回卒業（一八八一年）から谷津直秀の退官（一九三八年）まで」『生物学史研究』六五号（二〇〇〇）八三—一〇一。

藤田たき「理科近況」『会報』（津田英学塾同窓会）五五号（一九四三年一二月）八—一二頁。

藤田たき『わが道——こころの出会い』（ドメス出版、一九七九）。

藤田たき先生の論集と思いで世話人会（編）『ありがとう——藤田たき先生の思い出と論集』（ドメス出版、一九九三）。

冨士原雅弘「旧制大学における女性受講者の受容とその展開」『教育学雑誌』（日本大学教育学会）三三号（一九九八）七六—九一頁。

古川晴男「『シーボルト研究』への補遺」『科学史研究』一号（一九四一）一四七—一四八頁。

古川安「津田梅子と生物学——科学史とジェンダーの視点から」『科学史研究』四九巻（二〇一〇）一一一—一二一頁。

古川安「津田梅子と生物学」（講演）津田梅子生誕一五〇周年記念シンポジウム「海を航って——梅子、捨松の先進性」二〇一四年一〇月一二日。

古川安『科学の社会史——ルネサンスから二〇世紀まで』（ちくま学芸文庫、二〇一八）。

古川安「日本における女性科学者の誕生——戦前期研究者の経歴からの一考察」（口頭発表）東京工業大学・科学史火曜ゼミナール、二〇二〇年一二月八日。

古木宜志子『津田梅子』（人と思想一一六）（清水書院、一九九二）。

「米国使節団報告書（要旨）」（一九四六年三月三一日）文部省『学制百年史　資料編』五八―六一頁。

アリス・ベーコン（久野明子訳）『華族女学校教師の見た明治日本の内側』（中央公論社、一九九四）。

アリス・ベーコン（矢口祐人・砂田恵理加訳）『明治日本の女性たち』（みすず書房、二〇〇三）。

クララ・ホイットニー（一又民子ほか訳）『クララの明治日記――勝海舟の嫁　上・下』（中公文庫、一九九六）。

クララ・ホイトニー（津田仙・皿白キン訳）『手軽西洋料理』（江藤書店、一八八五）。

星野あい「新学科増設について」『会報』（津田英学塾同窓会）五四号（一九四三年二月）一―七頁。

星野あい「一教師の歩み――学生と共に四〇年」『政界往来』二一巻・一号（一九五五）一七八―一八一頁。

星野あい『小伝』（大空社、一九九〇）。

堀田国元『ディスカバー岡見京』（自費出版、二〇一六）。

前田侯子「黒田チカ――天然色素研究における業績とわが国初の女性化学者としての生涯」『化学史研究』二二号（一九九五）二二六―二三八頁。

前田侯子「加藤セチ博士の研究と生涯――スペクトルの物理化学的解明を目指して」『ジェンダー研究』七号（二〇〇四）八七―一一〇頁。

三木寿子「保井コノの生涯」『保井コノ資料目録』（お茶の水女子大学ジェンダー研究センター、二〇〇四）六―一三頁。

溝口元「アメリカ発生学成立の一側面――『細胞系統』研究を中心に」『生物学史研究』三八号（一九八一）一一―一二頁。

溝口元「動物学者箕作佳吉、谷津直秀の滞米在学記録について」『生物学史研究』六四号（一九九九）六五―七五頁。

溝口元「日本の西欧近代動物学の自立とジョンズ・ホプキンス大学在籍者」『生物学史研究』六八号（二〇〇一）一―一三頁。

溝口元「ウッズホール臨海実験所における日本人研究者の活動」『Z News』（二〇〇一・五）一六―二〇頁。

溝口元「臨海実験所と発生学――蜜月から乖離、そして新たな模索へ」『生物科学』五四巻・一号（二〇〇二）四〇―五〇頁。

溝口元「野口英世とウッズホール臨海実験所――カーネギー研究所による助成との関連から」『生物学史研究』七四号

（二〇〇五）七―二六頁。

箕作佳吉「動物学ノ一新分科」『東洋学芸雑誌』二〇七号（一八九八）五一九―五二一頁。

「箕作博士記念号」『動物学雑誌』二二巻（一九一〇）。

都田豊三郎『津田仙――明治の基督者』（伝記叢書三四）（大空社、二〇〇〇）。

宮崎あかね「鈴木ひでる――女性薬学博士第一号」日本女子大学理学教育研究会（編）『女子理学教育をリードした女性科学者たち』九九―一二四頁所収。

宮田幸枝「安井てつの女子高等教育論」『教育科学研究』（首都大学東京）一二号（一九九三）一―九頁。

三好学『学軒集：随筆』（岩波書店、一九三八）。

武庫川女子大学教育研究所「女子大学統計・大学基礎統計」表三　http://kyoken.mukogawa-u.ac.jp/wp-content/uploads/2021/03/21_03.pdf
村田鈴子『わが国女子高等教育成立過程の研究』（風間書房、一九八〇）。

文部省『学制百年史　資料編』（文部省、一九七二）。

矢島祐利「桑木彧雄の追憶――その業績と学風」『科学史研究』一〇号（一九四九）一九―二二頁。

保井コノ「鯉のウエーベル氏器官について」『動物学雑誌』一七巻・二〇一号（一九〇五）二〇七―二一一頁。

谷津直秀「研究室概観　東京帝国大学理学部動物学教室の歴史（1）」『科学』八巻（一九三九）三四〇―三四六頁、（2）三八七―三八九頁、（3）四三五―四三八頁。

山川菊栄「英学界の先覚者津田先生」『婦人公論』（一九二九年一〇月号）、山川『山川菊栄集　8』一六九―一七八頁所収。

山川菊栄『おんな二代の記』（東洋文庫二〇三）（平凡社、一九七二）。

山川菊栄『山川菊栄集　4 無産階級の婦人運動』（岩波書店、一九八二）。

山川菊栄『山川菊栄集　8 このひとびと』（岩波書店、一九八二）。

山川健次郎「日本人種と女子の健康」『新家庭』（一九一一年三月）、山川『男爵山川先生遺稿』七三一―七三五頁所収。

山川健次郎『男爵山川先生遺稿』（故山川男爵記念会、一九三七）。

山崎孝子『津田梅子』（人物叢書九一）（吉川弘文館、一九六二）。

山下愛子（編）『近代日本女性史　科学』（鹿島出版会、一九八三）。

山西貞「お茶の研究で日本初の農学博士　辻村みちよ」岩男ほか（編）『科学する心』二二三―二二九頁所収。

山本美穂子「一九二〇年『学位令』下における女性の学位取得状況」『北海道大学大学文書館年報』一一号（二〇一六）五九―七三頁。

山本美穂子「『科学は女性にとって何物にも優る美服である』――女性科学者の先駆者加藤セチの歩み」『北海道大学大学文書館年報』一二号（二〇一七）五三―六七頁。

山本美穂子「一九一八〜一九四五年における帝国大学大学院への女性の進学状況（一）化学専攻の進学者に着目して」『北海道大学大学文書館年報』一三号（二〇一八）四八―六一頁。

湯川次義『近代日本の女性と大学教育――教育機会開放をめぐる歴史』（不二出版、二〇〇三）。

吉川利一『津田梅子』（婦女新聞社、一九三〇）。

吉川利一『津田梅子伝』（前掲書の増訂版）（津田塾同窓会、一九五六）。

吉川利一『津田梅子』（一九三〇年版の文庫版）（中公文庫、一九九〇）。

吉村証子「日本における女性科学者の歩みとその背景」『津田塾大学紀要』一号（一九六九）一六―二九頁。

吉村証子「日本における女性科学者の歩みとその背景 Ⅱ」『津田塾大学紀要』二号（一九七〇）一一三―一二六頁。

吉村証子「日本における女性科学者の歩みとその背景 Ⅲ――アンケート調査のまとめ」『津田塾大学紀要』三号（一九七一）一六九―一八四頁。

吉村証子を忍ぶ会（編）『すべての子どもに科学を――吉村証子を語る』（吉村証子を忍ぶ会、一九八〇）。

吉村真子「吉村証子　すべての子どもに科学を――科学読物の研究・普及・創造の草分けとして」津田塾大学創立一〇〇周年記念誌出版委員会（編）『未知への勇気』七〇―七二頁所収。

米沢富美子『猿橋勝子という生き方』（岩波科学ライブラリー一五七）（岩波書店、二〇〇九）。

理化学研究所百年史編集委員会（編）『理化学研究所百年史』（理化学研究所、二〇一八）。

渡辺正雄『お雇い米国人科学教師』（講談社、一九七六）。

渡辺正雄『日本人と近代科学』(岩波新書、一九七六)。
渡邊洋子『近代日本の女性専門職業教育——生涯教育から見た東京女子医科大学創立者・吉岡彌生』(明石書店、二〇一四)。

**英文**

Allen, Gerland E. "Wilson, Edmund Beecher," *Dictionary of Scientific Biography*, vol. XIV (New York: Scribner, 1970), pp. 423-436.

Allen, Gerland E. "Morgan, Thomas Hunt," *Dictionary of Scientific Biography*, vol. IX (New York: Scribner, 1970), pp. 515-526.

Boring, Alice. "Thomas Hunt Morgan," *Alumnae Bulletin* (Bryn Mawr College), February 1946: 18-19.

Brush, Stephen G. "Nettie M. Stevens and the Discovery of Sex Determination by Chromosomes," *Isis*, vol. 69 (1978): 163-172.

Bryn Mawr College, *Bryn Mawr College Calendar*, 1912.

Bryn Mawr College, *Bryn Mawr College Program*, 1890, 1891, 1892.

Bryn Mawr College, *The President's Report to the Board of Trustees for the year 1891-92* (Philadelphia: Bryn Mawr College, 1892).

Darwin, Charles. *The Effects of Cross and Self Fertilisation in the Vegetable Kingdom* (London: John Murray, 1876)［ダーウィン(矢原徹一訳)『ダーウィン著作集3 植物の受精』(文一総合出版、二〇〇〇)］。

Furuki, Yoshiko. *The White Plum: A Biography of Ume Tsuda* (New York and Tokyo: Weatherhill, 1991).

Gardiner, Mary S. "David Hilt Tennent, 1873-1941," *National Academy of Sciences Biographical Memoirs*, Vol. XXVI (1951): 98-119.

Hollis, Andrew P. *The Contribution of the Oswego Normal School to Educational Progress in the United States* (Boston: D. C. Heath, 1898).

Horowitz, Helen L. *The Power and Passion of M. Carey Thomas* (Urbana and Chicago: University of Illinois Press, 1999).

Ida H. Hyde, "Before Women Were Human Beings: Adventures of an American Fellow in German Universities of the '90s," *Journal of the American Association of University Women*, vol. 31, no. 4 (1938): 226–236.

Keenan, Katherine. "Lilian Vaughan Morgan (1870–1952): Her Life and Work," *American Zoology*, vol. 23 (1983): 867–876.

Kodate, Naonori and Kashiko Kodate. *Japanese Women in Science and Engineering: History and Policy Change* (London and New York: Routledge, 2016).

Kohler, Robert. "The Ph. D. Machines: Building on the Collegiate Base," *Isis*, vol. 81 (1990): 638–662.

Kohler, Robert E. *Lords of the Fly*: Drosophila *Genetics and the Experimental Life* (Chicago and London: University of Chicago Press, 1994).

Komai, Taku. "T. H. Morgan's Times: A Japanese Scientist Reminisces," *The Journal of Heredity*, vol. 58, no. 5 (September-October 1967): 247–250.

Kusano, Atsuko T. and Karolyn Sewell. "The Japanese University Accreditation Association and Dr. Lulu Holmes — 1946–1948: One Historical Aspect on the Founding of New Universities for Women in Japan after World War II," *Journal of Home Economics of Japan*, vol. 44, no. 3 (1993): 173–184.

Lillie, Frank R. *The Woods Hole Marine Biological Laboratory* (Chicago: University of Chicago Press, 1944).

Maienschein, Jane. *Transforming Traditions in American Biology, 1880–1915* (Baltimore and London: Johns Hopkins University Press, 1991).

*The Marine Biological Laboratory Fourth Annual Report for the Year 1891* (Boston, 1891).

Meigs, Cornelia. *What Makes a College? A History of Bryn Mawr* (New York: The Macmillan Company, 1956).

Miyake, K. and K. Yasui. "One the gametophytes and embryo of Pseudolarix," *Annals of Botany*, vol. 25 (1911): 639–647.

Morgan, T. H. and Umé Tsuda, "The Orientation of the Frog's Egg," *Quarterly Journal of Microscopical Science*, vol. 35 (1894): 373–405.

Morgan, Thomas H. "Edmund Beecher Wilson," *National Academy of Sciences Biographical Memoirs*, vol. XXI (1940): 315–342.

Morgan, T. H. *The Development of the Frog's Egg: An Introduction to Experimental Embryology* (London: Macmillan Company, 1897).

Morris-Suzuki, Tessa. "The Great Translation: Traditional and Modern Science in Japan's Industrialisation," *Historia Scientiarum*, vol. 5, no. 2 (1995): 103–116.

Muller, H. J. "Edmund B. Wilson — An Appreciation," *The American Naturalist*, vol. LXXVII (1943): 5–37 and 142–172.

Nimura, Janice P. *Daughters of the Samurai: A Journey from East to West and Back* (New York and London: W. W. Norton, 2015)〔ジャニス・P・ニムラ（志村昌子・藪本多恵子訳）『少女たちの明治維新――ふたつの文化を生きた三〇年』（原書房、二〇一六）〕。

Ogawa, Mariko. "History of Women's Participation in STEM Fields in Japan," *Asian Women*, vol. 33, no. 3 (2017): 65–85.

Oppenheimer, Jane M. *Essays in the History of Embryology and Biology* (Cambridge: The MIT Press, 1967).

Oppenheimer, Jane M. "Thomas Hunt Morgan as an Embryologist: The View from Bryn Mawr," *American Zoologist*, vol. 23 (1983): 845–854.

Pauly, Philip J. "The Appearance of Academic Biology in Late Nineteenth Century America," *Journal of the History of Biology*, vol. 17, no. 3 (1984): 367–397.

Pauly, Philip J. *Controlling Life: Jacques Loeb and The Engineering Ideal in Biology* (New York and Oxford: Oxford University Press, 1987).

Pauly, Philip J. "Summer Resort and Scientific Discipline: Woods Hole and the Structure of American Biology, 1882–1925," in Rainger *et al.* eds., *The American Development of Biology*, pp. 121–150.

Rainger, Ronald, Keith R. Benson, and Jane Maienschein. eds., *The American Development of Biology* (New Brunswick and London: Rutgers University Press, 1988).
Rose, Barbara. *Tsuda Umeko and Women's Education in Japan* (New Haven: Yale University Press, 1992).
Rossiter, Margaret W. *Women Scientists in America: Struggles and Strategies to 1940* (Baltimore: Johns Hopkins University Press, 1982).
Sedgwick, William T. and Edmund B. Wilson. *An Introduction to General Biology* (New York: Henry Holt, 1886).
Shine, Ian and Sylvia Wrobel. *Thomas Hunt Morgan: Pioneer of Genetics* (Lexington: University Press of Kentucky, 1976)［シャイン・ローベル（徳永千代子・田中克彦訳）『モーガン――遺伝学のパイオニア』（サイエンス社、一九八一）］。
Sturtevant, A. H. "Thomas Hunt Morgan," *National Academy of Sciences Biographical Memoirs*, vol. XXXIII (1959): 282-325.
T., U. [Tsuda, Ume.] "Hon. Sen Tsuda," *The Japan Evangelist*, vol. XI, no.9 (September 1904): 273-275.
Tsuda, Ume. "The Education of Japanese Women," 一八九一年八月二三日、津田塾大学（編）『津田梅子文書　改訂版』二八―三三頁所収。
Tsuda, Ume. *The Attic Letters: Ume Tsuda's Correspondence to Her American Mother*, ed. by Yoshiko Furuki *et al.* (New York and Tokyo: Weatherhill, 1991).
Waller, John. *Heredity: A Very Short Introduction* (Oxford : Oxford University Press, 2017)［ウォーラー（廣野喜幸監訳・亀濱香訳）『遺伝』（ニュートンプレス、二〇二一）］。
Yasui, K. "On the life history of *Salvia natans*," *Annals of Botany*, vol. 25 (1911): 123-137.

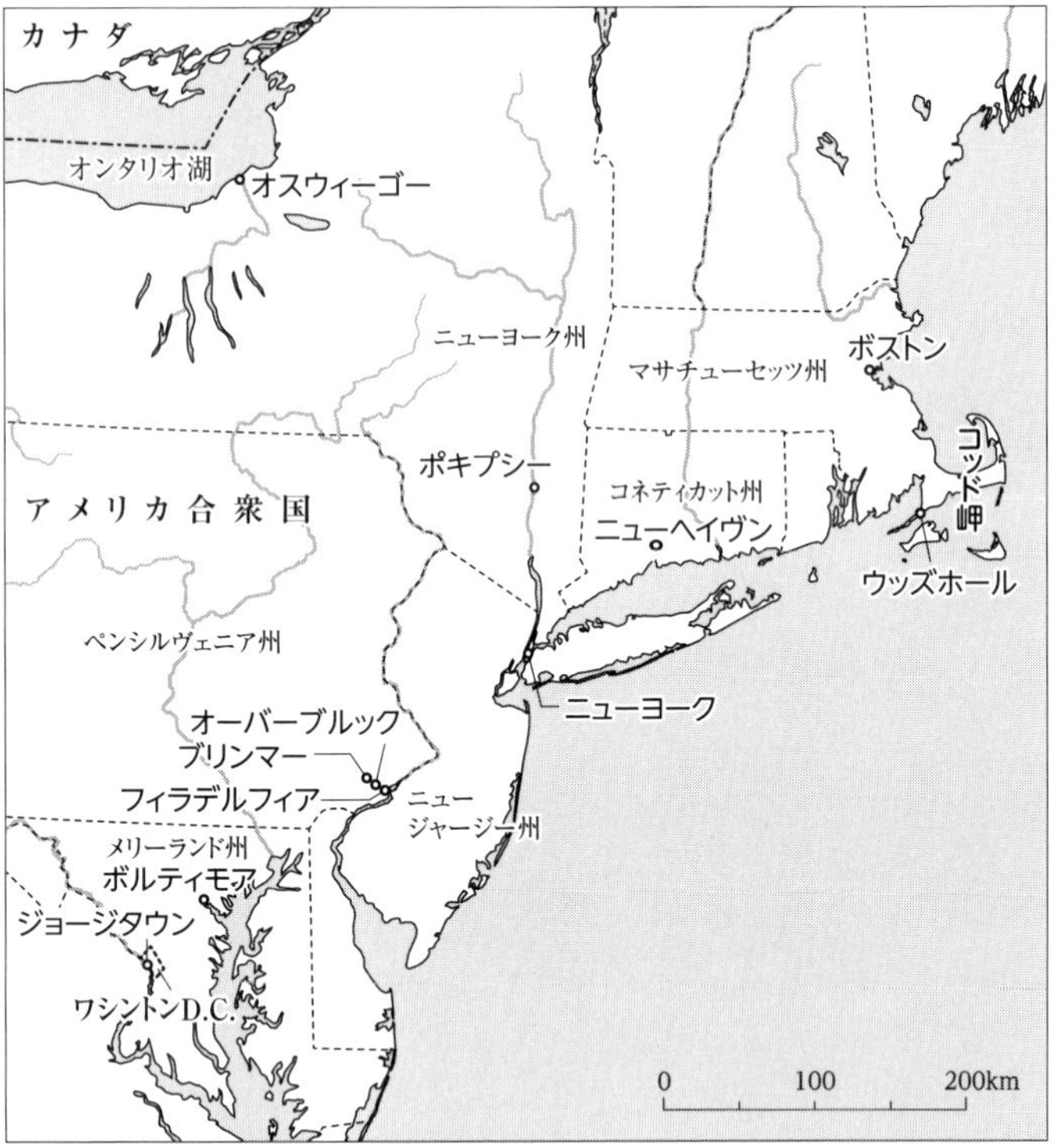
カナダ
オンタリオ湖
オスウィーゴー
ニューヨーク州
マサチューセッツ州
ボストン
コッド岬
ポキプシー
アメリカ合衆国
コネティカット州
ニューヘイヴン
ウッズホール
ペンシルヴェニア州
ニューヨーク
オーバーブルック
ブリンマー
フィラデルフィア
ニュージャージー州
メリーランド州
ボルティモア
ジョージタウン
ワシントンD.C.
0
100
200km

アメリカ東部関連地図

古川　安（ふるかわ・やす）

1948 年　静岡県に生まれ，神奈川県育ち
1971 年　東京工業大学工学部卒業
同　年　帝人株式会社
1983 年　米国オクラホマ大学大学院 Ph.D.（科学史）取得
1985 年　横浜商科大学商学部助教授
1991 年　東京電機大学工学部教授
2004 年　日本大学生物資源科学部教授などを経て
現　在　総合研究大学院大学客員研究員
　　　　科学史家，化学史学会前会長，英国化学史学会モリス賞受賞

主要著書『科学の社会史——ルネサンスから 20 世紀まで』（南窓社，1989 年；ちくま学芸文庫，2018 年），『化学者たちの京都学派——喜多源逸と日本の化学』（京都大学学術出版会，2017 年），*Inventing Polymer Science: Staudinger, Carothers, and the Emergence of Macromolecular Chemistry*（University of Pennsylvania Press, 1998 年）.

# 津田梅子——科学への道、大学の夢

2022 年 1 月 19 日　初　版
2022 年 5 月 10 日　第 3 刷

［検印廃止］

著　者　古川　安
発行所　一般財団法人 東京大学出版会
代表者　吉見俊哉
153-0041 東京都目黒区駒場 4-5-29
電話 03-6407-1069　FAX 03-6407-1991
振替 00160-6-59964

組　版　有限会社プログレス
印刷所　株式会社ヒライ
製本所　牧製本印刷株式会社


ISBN978-4-13-023078-0　Printed in Japan

# 事項索引

## 人名索引

### ア 行



### カ 行

サ　行



タ　行

## ヤ　行



## ラ　行



## ワ　行